당신이
믿었던
페이크

◆이 책은 방송문화진흥회의 지원을 받아 출간되었습니다.

방송문화진흥총서 210

당신이 믿었던 페이크

MBC 신개념
팩트 체크
프로그램

MBC PD
김재영 황순규 장호기

"누구나 가짜뉴스의 피해자가 될 수 있는 오늘,
의심하고 직접 검색해보는 사람만이
진실에 다가갈 수 있다."

한국 언론은 왜 신뢰받지 못하나?

우리는 매일 코로나19 상황에 대한 속보와 백신 및 치료제와 관련된 기사를 마주한다. 2021년 5월 14일 현재까지 코로나19로 인해 전 세계에서 335만 명 이상이 사망했고, 세계 최강국이라는 미국에서만 60만명이 생을 마감했다. 이 숫자도 매우 축소된 것이라고, 훨씬 더 많은 이들이 사망했다는 주장도 존재한다.

마크 톰슨 전 뉴욕타임스 CEO는 2020년 5월 가진 CNN과의 인터뷰에서 "이 나라와 세계가 이상하고 끔찍한 경험을 하고 있는 지금이 언론사에게는 독자를 찾고 신뢰할 수 있는 뉴스의 가치를 증명할 수 있는 순간이다"라고 밝혔다. 전쟁과 같은 상황에서 사람들은 자신과 가족의 안전을 지키기 위해 진실한 정보를 찾게 된다. 마크 톰슨은 이른바 '레거시 미디어legacy media'가 그 역할을 할 수 있고, 그로 인해 사람들의 신뢰를 얻게 될 것이라고 믿는 모양이다.

한국의 언론은 어떠한가. 연관성이 밝혀지지도 않은 상황에서 '속보'

라는 타이틀을 달고 '백신을 맞고 사망했다'는 식의 뉴스가 포털사이트를 통해 전파된다. 백신에 대한 막연한 공포를 자극하고, 심지어 기사 내용 안에서 전문가 의견과 배치되는 문장의 제목이 실린다. 언론 스스로가 백신에 대한 불신을 조장한 후 '백신에 대한 불신 높아져'라는 제목의 여론조사가 실린다. 사회적 거리두기를 강화하면 강화한 것에 대한 비판 기사가 쏟아지고, 완화하면 완화한 것에 대한 비판 기사가 실린다. 언론은 이중 잣대를 비판하지만, 정작 언론에도 이중 잣대가 있음은 모른 척한다. 사실 이러한 뉴스들은 한국기자협회가 스스로 만든 전염병 보도지침을 어기는 것이기도 하다. 이 사이에 똑똑한 대중들은 언론과 기자들을 불신하며 직접 뉴스를 만들어낸다.

영국 옥스퍼드 대학교의 로이터 저널리즘 연구소에서는 매년 발행하는 〈디지털 뉴스 리포트Digital News Report〉를 통해 각 나라의 언론 신뢰도를 발표하고 있다. 각 나라 국민들이 자국 언론을 어느 정도 신뢰하는지 나타내는 수치인데, 2020년 발표 결과 한국 언론은 조사 대상 40개국 가운데 40위를 기록, 4년째 바닥을 면치 못하고 있다. 우리 국민들이 한국 언론을 믿는 정도가 세계에서 가장 낮은 수준이라는 뜻이다. 반면 국제 언론단체인 '국경없는 기자회Repoters Without Borders'가 매년 발표하는 '세계 언론 자유 지수World Press Freedom Index'를 보면 2020년 한국의 순위는 180개국 중 42위다. 박근혜 정부 때인 2016년에는 180개국 중 70위까지 추락했다가 점차 회복하고 있다. 언론 자유라는 객관적 환경이 좋아지고 있는 가운데 신뢰도는 바닥이라는 데이터가 가리키는 것은 무엇일까.

한국 언론의 어두운 10년

한국의 민주주의는 2008년부터 엄청난 격변을 겪었다. 10년간의 민주정부(1998~2007) 이후, 정치적으로 대한민국의 민주주의 자체가 후퇴할 것이라고 예상하는 견해는 거의 없었다. 이명박 정부의 핵심 인사들은 보수 야당에서도 비교적 개혁적인 정치세력이었고, 적어도 공권력이 언론과 시민사회를 감시하거나 탄압하는 일이 발생할 것이라는 정치적 우려는 없었다.

그런데 이명박 정부가 막 출범한 2008년 봄, 이른바 '미국산 쇠고기 사태(광우병 파동)'로 상황은 급변했다. 정권 출범 3개월 만에 거대한 시민 봉기에 부딪힌 이명박 정부는 정권을 유지하기 위해 공권력을 불법적으로 동원했다. '법에 의한 통치'인 법치는 사라졌다. 청와대를 정점으로 국무총리실, 검찰과 경찰, 국정원 등이 총동원되었다. 먼저 검찰은 미국산 쇠고기 사태를 촉발시킨 MBC 〈PD수첩〉의 PD들을 체포했다. 검찰과 경찰은 광우병 시위 1주년 촛불집회에 참가한 시민들을 무차별로 체포, 구금했다. 명동에 놀러 온 일본인 관광객을 시위대로 오인해 경찰이 구타한 사례까지 등장했다.

이명박 정부가 만든 국무총리 산하 공직윤리지원관실은 민간인에 대한 전방위 불법 사찰을 벌였는데, 그 대상 중에는 보도채널 YTN 노동조합이 있었다. 국가정보원은 직접 MBC, KBS 두 거대 공영방송사에 대한 문건을 만들었다. 손석희, 김미화, 최승호 등 주요 시사 프로그램 진행자와 제작진에 대해 물러나라는 내용이 담겨 있었고, 노동조합을 무력화시키라는 지시도 기록되어 있었다. 그 문건의 내용들은 고스란히 실행되었다. 이명박 정부의 국정원은 방송사 외에도 국회의원, 지방자치단체장, 문화예술인 등 민간인에 대한 불법 사찰을 아무런 거리낌 없이 자행했다. 그 정보는 그대로 청와대 수석실에 보고되었다. 박형준 현 부산시장이 청와대 정무수석, 청와대 홍보기획관으로 재직했던 시절이었다.

박근혜 정부도 마찬가지였다. 박근혜 대통령은 아버지 박정희 대통령 시절부터 공안검사의 대명사였던 김기춘을 비서실장에 앉혔다. 2014년 세월호가 바다에 가라앉았다. 정부의 무능력은 탄로 났고 정권은 위태로웠다. 뉴스를 보는 대통령의 안위와 정신건강을 염려한 이정현 청와대 홍보수석은 KBS 보도국장에게 전화를 걸었다. 그리고 해경의 실책을 보도한 기사를 빼라고 종용했다. 일부 언론인들이 강하게 저항했지만 역부족이었고, 많은 언론인들은 시대를 그저 묵묵히 견뎠다.

방관 혹은 무기력이었을까.

그런데 역사는 아이러니하게 전개되었다. 이명박 정부가 보수의 편이라고 생각해 만들었던 종합편성채널, 이른바 '종편'이 변수였다. 중앙일보가 만든 종편인 jtbc는 MBC에서 쫓겨나듯 나온 손석희 앵커를 보도 부문 부사장으로 영입했는데, 중앙일보 홍석현 회장은 그에게 큰 자율성을 부여했다. 손석희 사장이 지휘하는 jtbc 뉴스는 세월호부터 최순실 사태에 이르기까지 한국 언론의 보루가 되었고 민주주의의 거대한 흐름을 만들어냈다.

2017년 거대한 촛불이 광장에서 일어났을 때, 시민들은 공영방송인 MBC와 KBS를 비롯한 언론 구성원들에게 돌을 던졌다. 시민의 재산이어야 할 공영방송은 권력자의 품에 있었다. 한국의 언론 자유 지수는 72위까지 떨어졌다. 아프리카 국가들과 비슷한 수준의 언론 자유 지수 속에서 한국 언론은 권력의 감시자가 아니라 권력의 강아지가 되었다. 광장에서 jtbc는 시민들의 압도적인 지지를 받았다. 당시 jtbc는 50%가 넘는 신뢰도를 자랑하는 최고의 언론사였다.

보수 정부 9년 동안 한국 언론은 어두운 터널을 지나왔다. 그들 스스로 변화를 만들어내지 못했으나, 2017년 광장의 촛불과 민주주의는 언론에 공간을 만들어주었다. 2017년 문재인 정부 출범 이후 지난 3년간 한국의 언론 자유 지수는 회복되었고, 공권력이 폭력적인 방식으로 언론인들을 탄압하는 시기는 지났다. 그럼에도 한국 언론에 대한 국민의 신뢰는 회복은커녕 오히려 떨어지고 있다. 어떤 이유 때문일까?

라쇼몽 효과와 진실

2021년에 '진실眞實, truth'이라는 단어는 어떻게 쓰일 수 있을까? 진실은 말 그대로 객관적이며 실증적인 증거와 사실에 기초한다는 뜻이다. 여당과 야당이 치열하게 부딪치는 국회에서, 조국과 진중권이 매일 쏟아내는 SNS에서, 조선일보와 한겨레, KBS와 MBC와 SBS 뉴스 기자들의 취재 수첩에서, '진실'이라는 단어는 같은 사안을 두고 다르게 쓰이는 것처럼 보인다. 진영, 세대, 성, 계급 등 다양한 정체성으로 나뉜 사람들이 각자 자신이 믿는 바를 더 믿게 하는 뉴스를 스스로 선택하는 현상은 강화되고 있다. 뉴스 생산자들도 마찬가지다. 자신이 주장한 바를 강화시키는 사실fact은 받아들이고, 다른 사실은 외면하는 방식으로 현실을 조직한다. 뉴스를 공급하는 대형 포털사이트들과 구글은 이미 사용자 개개인에게 맞춤형 뉴스를 제공하는 알고리즘을 만들어 공급하고 있다. 유튜브에서는 내가 본 뉴스와 유사한 콘텐츠를 보여주는 유튜버들의 활동을 실시간으로 확인할 수 있다. 지금 시대는 '탈진실post-truth'이라는 말을 만들어냈다. 진실 혹은 사실의 여부가 중요한 것이 아니다. 자신이 믿는 바를 더욱 믿게 하는 주의 혹은 주장이 독자와 시청자에게 쾌감을 일으키는 세상이 되었다.

'라쇼몽 효과'는 구로사와 아키라 감독이 만든 영화 〈라쇼몽〉에서 따온 말이다. 같은 사건을 두고 서로 다른 프레임으로 인식해 본질을 다르게 파악하는 현상을 말한다. 〈라쇼몽〉에서 사무라이인 남편과 부인은 지나는 길에 도적을 만나고 남편과 도적이 다투는 과정에서 남편은 죽음을 맞는다. 살인사건의 실체는 주체들(남편, 부인, 도적)이 각자의 입장에서 이야기한 '진술' 때문에 오히려 어지럽혀지는 상황이 벌어진다.

　한국 언론에서 라쇼몽 효과는 점점 더 강화되고 있다. 언론들은 자신들의 입장에 맞추어 다양한 프레임을 만들어버린다. 조국 사태는 각각 광화문과 서초동에서 수백만 명의 군중을 모았다. 중립적이거나 중도적인 입장, 예를 들면 "조국 전 장관 가족의 행동은 도덕적으로 비판받아야 하지만, 검찰의 선택적 수사는 정치적으로 유례없이 무리했다"는 입장은 무력했다. '조국 펀드는 실체가 없고 딸의 표창장은 위조된 것'으로 요약할 수 있는 1심 재판이 끝난 후에도 마찬가지다.

한국 가짜뉴스의 특징

　〈당신이 믿었던 페이크〉는 2018년 11월에 2회분이 처음 방송되었고, 2019년 4월에 시즌1(4회분), 같은 해 6~7월에 시즌2(4회분)로 총 10편이 방영되었다. 이 프로그램은 다양한 미디어를 통해 전파된 몇몇 사건들이 실제로 어떤 진실을 품고 있는지 탐사보도한 것이다. 보통 사람들이 진짜라고 '믿었지만' 진실은 '믿었던 페이크'였던 뉴스들이 있었고, 그 뉴스들은 아무런 제약 없이 유통되었다. 가짜뉴스는 구체적인 목표가 있는 경우 피해자에게 엄청난 상처를 남기고, 때로 불특정 다수의 피해자를 만들어내기도 한다. 프란치스코 교황은 "해가 되지 않는 허위정보란 없다. 거짓말을 믿으면 끔찍한 결과를 초래할 수 있다"고 말했다. 필자는 〈당신이 믿었던 페이크〉를 제작하면서 허위정보의 폐해를 구체적으로 증명하며 그 끔찍함을 간접적으로나마 경험할 수 있었다.

세월호 현장에서 홍가혜 씨가 말했던 것은 진실에 부합하는 것이었다. 지금 유튜브 채널 '가로세로연구소'에서 활동하고 있는 김용호 기자의 홍가혜 관련 기사는 거짓이었음에도, 그 거짓말은 경찰과 검찰 등 공권력에까지 영향을 미쳤다. 검경은 거짓말 기사에 기대어 홍가혜 씨를 수사했다. 법원에서 어렵사리 진실이 밝혀졌지만, 피해자 홍가혜 씨는 사람들을 피하면서 살았고, 김용호 기자는 지금도 유사한 뉴스를 거리낌없이 만들어내고 있다. 세상은 진실을 외면하고 있다.

배우 반민정 씨는 어떤가. 그를 비난하고 공격한 배우 조덕제 씨의 발언은 가짜뉴스였고, 심지어 반민정 씨의 발언을 선정적으로 보도한 언론은 조덕제 씨의 청탁으로 뉴스를 만들었다. 민형사상으로 모든 게 정리되었지만, 배우로서 반민정 씨는 완전히 매장되었다.

jtbc 손석희 사장은 한국에서 가장 영향력 있고 신뢰받는 언론인이었으나, 가짜뉴스의 피해자가 되자 상처는 회복할 수 없었다. 손 사장은 어느 날 존재하지도 않은 '젊은 여성 동승자'를 태우고 일으키지도 않은 '뺑소니 사고'를 일으킨 사람이 되었다. 손 사장은 자신을 협박해 오는 김웅 기자의 허언虛言이 분명히 자신을 위협할 것이라 예상했고 이를 피하기 위해 안간힘을 썼지만, 끝내 자신을 지킬 수 없었다. 손석희 사장은 가짜뉴스의 홍수 속에서 떠내려갔다. 정파적, 경제적 이해관계에 얽혀 있는 언론사들이 이 가짜뉴스의 홍수를 만들었고 그를 결국 끌어내렸다. 진실은 '객관적이며 실증적인 사실'이라는 뜻이 있다. 진실이 밝혀지는데 시간은 왜 이렇게 고통스러워야 하는가?

앞에서 언급한 가짜뉴스 가운데 상당수는 유력 언론에 의해 퍼져 나갔다. 한국의 유력 언론들은 자신들, 혹은 그들이 만든 인터넷 자회사들을 통해 가짜뉴스를 생성, 전파시키는 데 어떤 주저함도 없어 보였다. 미국과 유럽의 경우 유력 언론일수록 가짜뉴스의 위험성을 인지하고 팩트 체크와 미디어 리터러시, 오보에 대한 제재를 강화하고 있다. 대중들의 SNS, 트럼프 전 미국 대통령이나 보리스 존슨 영국 총리와 같은 권력자에 의해 가짜뉴스가 만들어지고 진영 간 탈진실 논란이 야기되는 것과 달리, 한국은 진영으로 나뉘거나 상업적인 목적을 띤 언론사들이 가짜뉴스 전파에 앞장서고 있다. 그래서 〈당신이 믿었던 페이크〉에서 다루었던 아이템 대부분은 이른바 '레거시 미디어'에서 나온 것들이었다. 〈당신이 믿었던 페이크〉가 레거시 미디어인 MBC의 산물이었는데, 아이러니하게도 레거시 미디어를 겨냥한 프로그램처럼 인식되는 이유가 여기에 있다.

이 책은 〈당신이 믿었던 페이크〉의 방송 내용 가운데 일부를 담은 것으로, 가짜뉴스가 만들어진 배경을 중심으로 구성되었다. 제작진은 그 배경에 크게 경제적 이유와 정치적 이유가 있을 것이라고 생각했다. 먼저 경제적 면에서는 가짜뉴스로 돈을 버는 새로운 비즈니스 모델을 추적했다. 현재 한국 언론은 수익 모델의 한계를 드러내고 있고, 이른바 정보로 둔갑한 광고의 형태로 노골적인 영업행위를 하고 있다. 방송통신심의위원회와 같은 규제기관들의 감시는 헐겁고, 기업은 언론사의 권력을 아직은 두려워하며, 시민들이 아직은 언론사를 믿는 까닭에 그들의 영업은 성공적이다. 광고라 칭하지 않는 광고일 뿐, 실체는 일종의 페이크다.

정치적 면에서 가짜뉴스를 만들어내는 이유는 일부 집단에 대한 혐오 조장을 통해 정치적 이득을 얻을 수 있기 때문이다. 때로 경제적인 이유와 정치적인 이유가 섞여서 가짜뉴스 전파를 더욱 강력하게 만들기도 한다. 세월호 사건과 관련해 홍가혜 씨를 마녀사냥했던 이유는 당시 세월호 사태를 정파적으로 이용하려는 의도와 함께 여성혐오적인 부분도 간과할 수 없다. 배우 반민정 씨를 가짜뉴스로 공격한 것은 혐오를 불러일으키는 것이었는데, 가해자인 조덕제 씨는 이를 통해 경제적 이익도 도모했을 것이다.

MBC의 〈당신이 믿었던 페이크〉는 전체 10편으로 2019년 7월에 일단 시즌이 종료되었다. 그리고 이 책이 나오기까지 2년여가 걸렸다. 그간 다루었던 주제들 가운데 아직 법적 공방이 끝나지 않은 아이템들도 있기 때문이었다. 방송이 종료된 후에야 많은 가짜뉴스 희생자들은 가짜뉴스의 멍에를 벗었지만, 그 후유증은 가라앉지 않았다.

방송이 끝난 후에도 한국 사회를 뒤흔든 많은 사건들이 일어났다.

조국 사태, 코로나19 팬데믹, 정의기억연대를 둘러싼 논란과 라임-옵티머스 사태에 이르기까지, 언론의 소나기식, '아니면 말고 식'의 보도는 사건의 본질을 덮고 사람들을 현혹하고 있다. 이 책에 실린 내용들을 다시 살펴보며 〈당신이 믿었던 페이크〉가 지향했던 가치가 아직 끝나지 않았다고 믿는다.

PART 1.

FAKE NEWS

가짜
뉴스의
실체

01

이재명·김부선 스캔들과 가짜뉴스

'가짜뉴스를 체크하는 프로그램'은 제작하기가 쉽지 않다. 이미 '가짜뉴스'라고 밝혀진 뉴스에 대해서는 더 이상 할 이야기가 없고, 반대로 아직 가짜뉴스로 판명되지 않은 뉴스는 이 뉴스가 가짜라는 사실을 밝혀내기가 매우 어렵기 때문이다. 당연한 이야기처럼 들릴 수도 있다. 그런데 '어떤 뉴스'를 봤을 때 '이 뉴스가 가짜뉴스일지도 모른다'는 의심을 한다는 것은 정말 쉽지 않은 일이다. 대부분의 가짜뉴스들은 아주 그럴싸하기 때문이다.

그럼에도 어떤 뉴스가 가짜뉴스일지도 모른다는 느낌이 온다면 일단 팩트 체크를 해봐야 한다. 결과는 당연히 둘 중 하나다. 진짜뉴스이거나 가짜뉴스이거나. 만약 그 뉴스가 가짜뉴스라면 PD인 나에게는 정말 반가운(?) 일이다. 이 가짜뉴스를 아이템으로 정해서 괜찮은 방송 한 편을 제작할 수 있기 때문이다. 하지만 열심히 알아봤더니 막상 그 뉴스가 제대로 된 '진짜뉴스'였다면 몹시 난감해진다. 새로운 가짜뉴스 아이템을 찾아 처음부터 다시 시작해야 하니 말이다. 방송 날짜는 다가오기만 하지 멀어지지는 않는다.

다행이라고 해야 할지 불행이라고 해야 할지. 〈당신이 믿었던 페이크〉를 기획하고 제작했던 약 6개월 동안 가짜뉴스 아이템은 마르지 않는 샘물처럼 계속해서 쏟아져 나왔다. 물론 내가 신들린 저널리스트의 경지에 올라 가짜뉴스를 쉽게 감별해내는 그런 대단한 사람이 됐다는 말은 아니다. 처음에는 팩트 체크를 어디서부터 어떻게 해야 하는지 감조차 오지 않았다. 언론사에 공문을 보내 취재 과정을 다 확인해봐야 하나? 절대 알려줄 리가 없지 않은가? 하지만 가짜뉴스 감별법은 무당이 낡은 탁상에 쌀알을 흩뿌리는 것만큼이나 간단했다.

먼저 전화기를 든다. 그리고 그 뉴스에 등장하는 관계자에게 전화를 건다.

"안녕하세요? 어느 언론사에 이런저런 기사가 나왔는데, 사실인가요?"

이게 전부다. 정말이지 전화 딱 한 통이면 이 뉴스가 진짜인지 가짜인지 아주 쉽게 확인할 수 있다. 하지만 예상 밖의 대답을 듣게 되는 경우가 많았다.

"뭐라고요? 아닌데요?"

심지어 자신과 관련된 기사가 쏟아지고 있다는 사실조차 모르는 경우가 많았다. 이런 상황이라면 해당 뉴스는 최소한의 사실 확인조차 없이 탄생한 막무가내식 가짜뉴스라는 이야기가 된다.

방송으로 내지는 못했지만 정말 충격적인 일이 한 번 있었다. 때는 2018년 가을. 이재명 경기도지사와 배우 김부선 씨의 '스캔들 뉴스'에 대해 알아보던 중이었다. 이 이슈의 경우 결정적인 증거는 없이 양측의 주장만 팽팽하게 맞서는 상황이었기 때문에 팩트 체크가 쉽지는 않다. 앞의 예처럼 전화 한 통으로 시원하게 해결되는 그런 간단한 문제가 아니었던 것이다.

그래서인지 당시 수많은 언론사들은 이재명 지사와 김부선 씨에 대한 온갖 흥미진진한(?) 이야기들을 쏟아내고 있었다. 두 사람이 같이 서해 바닷가에서 낙지볶음을 먹었다느니, 부두에서 함께 사진을 찍었다느니 등등 기사의 양은 실로 방대했다. 2018년 지방선거를 전후로 후보자들의 공약에 대한 기사는 온데간데없고, 이재명 당시 경기도지사 후보자와 김부선 씨에 대한 뉴스만 6천여 건도 넘게 쏟아졌으니 말이다.

당시 논쟁의 한복판에는 당연히 김부선 씨와 이재명 지사가 있었다. 하지만 그에 못지않게 세상의 주목을 받은 인물이 둘 있었으니, 바로 공지영 작가와 '이모 씨'였다. 두 사람은 주로 김부선 씨를 지지하며 각자의 SNS를 통해 이재명 지사를 공개적으로 비판했다. 그러면 언론은 이들의 주장을 그대로 받아 기사를 써내기 바빴다. 어떤 내용이 됐든

이들이 SNS에 글만 올렸다 하면 거의 실시간으로 기사가 되었고, 두 사람의 이름은 실시간 검색 순위 상위권을 오르내렸다. 그런데 여기에 문제가 하나 있었다.

공지영 작가야 워낙 유명인이기에 기자들이 기사를 쓰는 데 큰 어려움이 없었다. '공지영 작가, SNS에 이러이러한 글을 올려 화제'라고 헤드라인을 뽑으면 그만이었으니까. 문제는 '이모 씨'였다. 그는 당시 어디에 사는 누구인지 정체가 드러나지 않은 미지의 인물이었다. 그러니 이 인물의 SNS 멘트가 정말 기사화될 만한 가치가 있는지는 판단이 어려웠다. 그럼에도 이런 상황에 아랑곳없이 기사는 매일 수백 개씩 쏟아졌다. 수많은 언론사들은 24시간 내내 그의 페이스북 페이지를 모니터링했고, 그가 올린 멘트를 그대로 인용하는 기사를 수도 없이 복제해냈다. 당시 정체불명의 '이 모씨'는 그야말로 '살아 있는 뉴스공장'이나 마찬가지였다.

대체 누굴까? 너무 궁금했다. 나는 이 '이모 씨'가 누군지 조사해보기 시작했다. 그와 관련된 기사들을 모두 훑어보았는데, 다수의 기사를 통해 '이모 씨'가 '시인'이라는 사실을 확인할 수 있었다. 그러자 '아, 아무래도 공지영 작가와 뜻을 함께하는 인물이니 같은 문학계에 몸담은 시인이구나'라는 확신이 들었다. 그렇게 고개를 끄덕이며 살펴보니 '시인 이○○ 씨'의 코멘트 하나하나가 더욱 그럴싸하게 보이고 믿음이 가는 마법이 펼쳐졌다. 아마 '시인 이○○ 씨' 관련 기사를 본 네티즌 대다수와 뉴스 소비자들도 비슷한 느낌을 받았을 것이다.

'시인 이○○'. 그의 정체가 조금씩 드러나는 듯했다. 나는 곧장 포털 사이트에 '이○○' 이름 석 자를 검색했다. 그러자 정말 꽤 유명한 시인이 한 명 등장했다. 게다가 모 언론사에서는 생방송에서 이 시인의 프로필 사진까지 내보내며 그의 SNS 멘트를 적극적으로 소개하기도 했다. 확신이 점점 굳어가던 차였는데, 뭔가 한 가지 이상한 느낌이 들었다. 부적절한 편견이긴 하지만, 연세 지긋한 시인께서 이처럼 적극적으로 SNS를 활용해 언론 플레이에 뛰어들고 있다는 게 다소 어색해 보였던 것이다. '이분이 정말로……?'

이○○ 씨의 SNS 페이지에 들어가보기로 했다. 클릭. 그런데 페이지가 열리는 순간, 바로 헛웃음이 터져 나왔다. 그의 프로필 사진이 '시인 이○○ 씨'와는 완전히 딴판이었던 것이다! 사랑하는 반려동물 사진이나 평소 좋아하는 아이돌의 모습을 프로필 사진으로 해놓은 것도 아니고, 그냥 자신의 사진을 올려놓은 듯한 이 유명한 SNS 계정의 주인은 누가 봐도 완전히 다른 동명이인의 '이○○'이었다. 그렇다면 화제의 중심에 서 있는 '이○○ 씨'는 대체 누구란 말인가?

나는 떨리는 마음으로 그에게 쪽지를 보냈다. 내용은 간단했다. 시인으로 알려진 당신은 대체 누구시며 왜 그런 내용의 글을 SNS에 올리게 되었는지. 물론 큰 기대는 하지 않았다. 그간 어떤 뉴스에서도 당사자 이○○ 씨와의 인터뷰 기사는 볼 수 없었으니까. 그것은 즉 그와 대화를 나누는 것이 매우 어렵다는 의미일 거라 생각했다. 하지만 이 관성적인 상상은 단박에 산산조각이 나버렸다. 그에게서 바로 답장이 온 것이다!

그런데 그의 반가운 답장은 우리에게 더 큰 충격을 안겼다. 지금껏 그에게 연락을 취한 언론사가 단 한 곳도 없었다는 사실이었다.

이○○ 씨는 흔쾌히 인터뷰 요청을 받아들였고, 며칠 뒤 우리는 부산의 모처에서 그를 만날 수 있었다. 으슥한 골목을 지나 부산 시내가 내려다보이는 어느 높은 동네였다. 그는 카메라를 바리바리 싸 들고 서울에서 부산까지 한달음에 내려온 우리를 보며 신기해했지만, 사실 우리야말로 그를 만났다는 사실이 더 신기했다. 우리는 어색한 인사를 나누며 어느 작은 카페로 들어섰다.

"다름이 아니라, 시인이시라는 기사가 있어서요. 정말 시인이세요?"

한참을 호탕하게 웃던 그는 전혀 그렇지 않다고, 자기도 모르는 사이에 자신이 시인으로 등단해버렸다며 그 역시 아주 당황스럽다고 했다. 그렇다면 '살아 있는 뉴스공장'인 당신은 대체 누구란 말인가. 시인이라 불렸던 사나이 이○○ 씨. 알고 보니 그는 그저 김부선 씨를 지지하는 부산의 한 '시민'이었을 뿐이다. 나는 그에게 대체 이게 다 어찌 된 일이냐고 물었다. 그가 하루아침에 시인이 된 사연은 정말 기가 막혔다.

2018년 6월 4일 밤 10시. 그는 이재명 지사에 대한 지지를 철회하고 김부선 씨와의 진실이 밝혀지기를 바란다는 내용의 긴 글을 자신의 SNS에 올렸다. 화제성 높은 단어와 자극적인 표현들(이재명, 김부선, 성관계, 공지영, 주진우, 김어준 등)이 다수 포함됐던 그의 글은 순식간에 많은 사람에게 퍼져 나갔고, 이런 화젯거리를 놓칠세라 다수의 언론사가 이 글을 기사로 받아쓰며 더 큰 화제를 만들어냈던 것이다. 그렇다면 어쩌다 그가 시인이 됐을까? 그가 SNS에 올렸던 글을 다시 한 번 꼼꼼하게 읽어보았다. 그의 긴 글은 아래 그림처럼 끝을 맺었다.

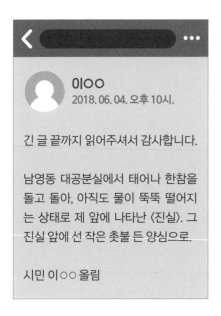

'시민 이○○'. 감이 오는가? 그러니까 '시민 이○○'라고 밝힌 그의 글을 훑어보던 어떤 기자가 무심코 그 글을 인용하는 기사를 썼는데, 그 과정에서 '시민'을 '시인'으로 잘못 읽어 벌어진 기막힌 해프닝이었던 것이다. 그렇게 하루아침에 시인이 된 이○○ 씨와 그의 SNS 글은 수많은 기사를 통해 더 많은 사람에게 전달됐고, 급기야 동명이인의 진짜 시인 이○○ 씨의 프로필 사진이 뉴스에 등장하는 지경에 이르게 된 것이었다.

물론 '시민'이든 '시인'이든 뭐 그리 대수냐고 생각할지 모르겠다. 하지만 시인이라는 타이틀과 시민이라는 타이틀이 지닌 영향력은 큰 차이가 있다. 특히 당시에는 경기도지사 선거에도 영향을 줄 수 있는 매우 중요한 뉴스였기 때문에, 이런 작은 해프닝도 가볍게 여겨서는 안 될 일이었다. 가짜뉴스는 또 다른 가짜뉴스의 씨앗이 되기 때문이다.

나는 '시인 이○○'이라는 용어가 등장하는 최초의 기사를 찾았다. 그리고 '부산 시민 이○○ 씨'를 하루아침에 시인으로 등단시킨 모 기자에게 전화를 걸어 이와 같은 사실을 알렸다.

"기자님, 안녕하세요? 기자님이 쓰신 기사와는 달리 이○○ 씨는 시인이 아니라 그냥 부산 시민이더라고요."

그런데 더 황당했던 것은 그 기자의 반응이었다. 아무래도 비슷한 바닥에서 먹고사는 PD의 추궁이 못마땅했는지 불편함이 한가득 느껴지는 목소리로 답변을 피하려고만 했다. 심지어 그럴 리가 없다며 내가 나름대로 열심히 체크한 명백한 팩트를 끝까지 '거부'하는 것이었다! 그러더니 그 기자는 나에게 매우 귀찮다는 듯한 목소리로 "그의 SNS를 보고 쓴 기사이니 직접 확인해보시라"는 말을 당당하게 남기며 전화를 끊어버렸다. 정말이지 할 말이 없어지는 순간이었다(지금 이 순간에도 많은 기사에 여전히 '시인 이○○'라는 표현이 등장하고 있다).

한때 전국을 떠들썩하게 했던 이재명·김부선 스캔들에는 '시인 해프닝'을 포함해 여러 가지 짚어볼 만한 내용이 많이 있었다. 가짜뉴스가 얼마나 쉽게 탄생할 수 있는지를 보여주는 좋은 아이템이기도 했다. 하지만 끝내 방송에 내보낼 수는 없었다. 나 역시 이슈의 핵심이었던 이재명 지사와 한 여배우의 스캔들에 대해 어느 쪽으로도 명확한 근거를 찾을 수는 없었기 때문이다. 심증만 가지고 방송을 한 편 뚝딱 만든다면 우리 방송 또한 논란만 부추기고 무책임하게 사라져버리는 수많은 뉴스들과 크게 다르지 않을 것이라는 생각이 들었다.

대신 우리는 이 뻔뻔한 가짜뉴스들이 대체 왜 탄생하는지를 분석해보는 아이템을 방송에 담아보기로 결정했다. 그리고 이 그럴싸한 가짜뉴스들을 어떻게 하면 골라낼 수 있는지 조금 더 고민해보기로 했다. 그게 더 의미 있을 것이라는 판단에서였다.

02

가짜뉴스
발라내기

'요즘처럼 온라인 정보가 쏟아지는 시대에 가짜뉴스 몇 개쯤은 나올 수도 있지'라고 생각한다면, 그것은 대단히 큰 착각이다. 요즘 가짜뉴스는 '번식력'이 대단해서 하나의 가짜뉴스가 수백, 수천 개의 새로운 가짜뉴스를 만들어내기 때문이다. 또 작은 속삭임에서 시작해 온 동네로 퍼지는 소문이 그렇듯, 가짜뉴스는 점차 과장되고 쉽사리 변질되어 어느 순간부터는 더 이상 알아보기 힘들 정도로 흉측한 가면을 뒤집어쓴 채 더 많은 대상을 향해 퍼져 나간다.

2018년 8월 언론진흥재단이 조사한 결과에 따르면 '허위정보 혹은 가짜뉴스로 판단되는 유튜브 동영상을 직접 보거나 전달받은 경험이 있다'고 응답한 사람이 34%였고, '한국 사회에서 가짜뉴스 문제가 매우 심각하다'고 생각하는 사람은 응답자 중 무려 74%였다. 하지만 설문조사와는 달리 많은 대한민국 국민은 가짜뉴스에 덤덤하고 또 무관심한 것 같다. 왜 그럴까? 아마도 '가짜뉴스 = 남의 일'이라고 생각하기 때문일 것이다. 하지만 안타깝게도 이 또한 대단히 위험한 착각이다. 가짜뉴스는 사람을 가리지 않는다. 즉 당신도 어느 순간 가짜뉴스의 피해자가 될 수 있다는 말이다.

가짜뉴스는 반드시 피해자를 만들어낸다. 말도 안 되는 오명을 뒤집어쓰게 되는 가짜뉴스의 등장인물도 피해자요, 거짓 정보에 속은 가짜뉴스 소비자도 피해자다. 이 가짜뉴스의 상처는 정말 지독하다. 그 어떤 것으로도 피해를 보상할 수 없으며, 뒤늦게 사실을 바로잡으려 해봐도 그 안타까운 진실은 잔인하리만큼 철저히 외면당한다. 사람들은 자신의 실수나 착오를 쉽게 인정하지도 또 수정하지도 않는다. 그래서 한 번 믿어버린 '가짜'는 '진실'보다 더 단단하게 뿌리내린다.

그렇다면 가짜뉴스가 이토록 판을 치는 이유는 무엇일까?

"모든 사람들이 손안에 뉴스를 넣고 다니는 시대에 뉴스에 관심이 많은 만큼 우리는 긍정적인 뉴스와 부정적인 뉴스에 대해서 여러 가지 관심을 갖게 됩니다. 그런데 가짜뉴스는 특히 부정적이고 파행적이고 자극적인 뉴스를 만들어내기 때문에, 이러한 뉴스에 대해서 사람들이 조금 더 관심을 가지고 찾아보게 되는 것 같습니다."

_임명호, 단국대 심리학과 교수

"가짜뉴스를 만들어내는 사람들은 '자극적인 요소'를 반드시 집어넣어요. 일반적인 얘기를 써서는 사람들의 공감을 얻기 힘들어요. 뭔가 새로운 소식, 자극적인 뉴스, 이런 내용들을 전달했을 때 다른 사람들이 클릭도 하고 '좋아요'도 눌러주고, 또 다른 사람한테 퍼 나르고, 이게 반복되잖아요. 확산 속도가 매우 빠를 수밖에 없어요."

_최진봉, 성공회대 미디어학부 교수

가짜뉴스는 자극적이다. 거꾸로 생각해보면 가짜뉴스 생산자들이 보다 더 자극적인 뉴스 콘텐츠를 생산하기 위해 가짜와 손을 잡는다는 의미이기도 하다. 방법은 아주 간단하다. 형용사를 살짝 바꾸거나, 사실관계를 모호하게 표현하거나, 문장을 조금씩 손보는 것이다. 가장 좋은 방법은 이슈의 본질과는 상관없는 자극적인 제목과 사진을 내세우는 것이다. 그러면 아주 단순하고 재미없던 뉴스도 클릭을 유도하는 흥미로운 콘텐츠로 변신하게 된다. 하지만 그러는 사이 팩트는 점차 희미해진다. 가짜뉴스가 사람들 사이에서 더 멀리 더 많이 퍼져 나가는 동안, 팩트는 온데간데없이 사라져버리고 완전히 다른 이야기만 떠돌게 되는 것이다.

그렇다면 대체 왜 이토록 뉴스가 자극적이어야만 할까?

"한국에 인터넷 언론이 6000개가 넘어요. 이렇게 많은 언론사가 있는데, 광고 시장은 그만큼 크지 않잖아요. 그래서 조금 더 자극적인 기사를 쓰게 되고, 기사 소재도 실시간 검색어에 맞춰서 쓰기 때문에 취재가 뒷받침되지 않고, 또 취재원 간 상호 확인이 안 되는 경우가 많죠. 그래서 오보로 이어지고 나중에 언론사에서 사과하거나 문제가 벌어지는 경우도 있고요."

_금준경, 미디어오늘 기자

　오늘날 온라인 언론 시장은 그야말로 전쟁터다. 경쟁사보다 더 빨리, 더 자극적인 제목으로 기사를 내야 살아남을 수 있다. 어디 그뿐인가. 언론사가 아닌 인플루언서나 유튜버, 더 나아가 일반 네티즌도 언론의 역할을 할 수 있다. 그래서 최근의 언론 시장은 이전의 그 어느 때보다 넓고 그만큼 경쟁도 치열하다. 이 시끌벅적한 시장에서 살아남는 방법은 한 가지뿐이다. 클릭, 클릭. 바로 기사 클릭을 유도하는 것이다. 클릭은 곧 돈이다. 그러니 온라인 기사는 클릭을 유도해야 하는 숙명을 가지고 태어날 수밖에 없다. 아무리 의미 있는 기사라도 클릭되지 못한다면 세상에 태어나지도 않은 것과 마찬가지니까.

　여기서 알아둬야 할 중요한 사실이 하나 있다. 사람들은 주로 온라인 포털사이트를 이용해 뉴스를 소비한다. 그런데 포털 알고리즘의 특성상 많은 클릭을 유도한 기사일수록 계속 상단에 노출되고 그렇게 상단에 노출된 기사는 더욱 많은 클릭을 유도한다. 결국 먼저 클릭을 빨아들인 기사만 맨 위에서 살아남고 나머지 기사들은 찬밥 신세가 되는 것이다. 그러니 온라인 기사는 속도가 생명이다. 팩트를 체크하거나 의미 있는 기사를 작성할 시간이 부족할 수밖에 없는 이유다.

　취재 중에 아주 기막힌 사실을 한 가지 알게 됐다. '누구나 쉽게 대박 기사 쓰는 법'이라고 해야 할까? 경쟁이 워낙 치열하다 보니 어떤 언론사에서 아주 기발한 방법을 만들어낸 것이다. 그들은 이 비법을 적극 활용해 '클릭 흡수'를 시도하고 있었다. 그 방법을 간단히 소개한다.

배우 A의 스캔들 이슈가 터졌다고 가정해보자. 그러면 이 언론사에서는 '배우 A 스캔들 논란, 은밀한 데이트 현장 포착?' 이런 식으로 재빨리 키워드 몇 개를 섞어 적당한 제목을 만든다. 그러고는 일단 온라인 기사를 내버린다. 그렇다면 기사 내용은 어떻게 채울까?

당연히 채울 수 없다. 10분도 안 돼서 기사를 완성하는데 어떻게 의미 있는 기사 본문을 작성할 수 있겠는가? 그냥 아무 내용도 넣지 않거나, 엉뚱한 기사의 내용을 긁어다가 채워 넣는 것이다. 그리고 나면 이 언론사가 작성한 유령 기사가 해당 이슈에 대해 '가장 먼저 보도한 기사'가 될 확률이 높아진다. 그러면 이제 탄탄대로가 펼쳐지는 것이다. 클릭, 클릭, 클릭. 껍데기뿐인 기사인데도 많은 관심 속에서 점점 더 위로 떠오르게 된다. 그러는 사이 기자는 부랴부랴 기사의 본문을 채워 넣고, 다시 잽싸게 본문 내용을 수정하는 것이다. 짜잔!

당황은 아직 이르다. 나는 취재 중 매우 흥미로운 문서도 하나 입수할 수 있었다. 바로 모 언론사의 '검색 기사 아르바이트 매뉴얼'이었다. 다수의 언론사에는 '검색 기사팀'이나 '온라인 이슈 대응팀' 혹은 '디지털 이슈팀' 등의 이름으로 기사를 생산해내는 별도의 팀이 있다. 이런 팀은 보통 정식 기자들보다는 아르바이트 대학생들이나 인턴 기자들로 꾸리는 경우가 많다. 그만큼 이들이 하는 일은 간단하다. 노트북 앞에 앉아서 기사를 마구 생산해내는 것이다. 내가 입수한 '검색 기사 아르바이트 매뉴얼'은 그런 대응팀에서 어떻게 하면 효과적으로 기사를 작성할 수 있는지 가르쳐주는 일종의 가이드라인이었다. 주목할 만한 '꿀팁'을 몇 가지 정리해보면 다음과 같다.

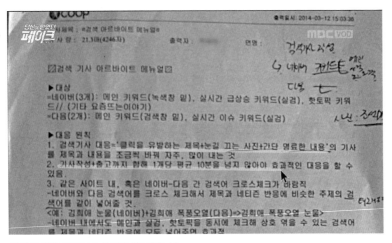

모 언론사의 검색 기사 아르바이트 매뉴얼

▶ 실검 1위~10위 확인하고 '대박'을 칠 만한 핫한 키워드를 택해 기사 작성

▶ 대상

- 네이버 3개 : 메인 키워드, 실시간 급상승 키워드, 핫토픽 키워드 + 기타 요즘
  뜨는 이야기

- 다음 2개 : 메인 키워드, 실시간 이슈 키워드

▶ 대응 원칙

- 클릭을 유발하는 제목 + 눈길 끄는 사진 + 간단명료한 내용의 기사를 제목과
  내용을 조금씩 바꿔 자주, 많이 내는 것.

- 기사 작성 + 출고까지 합해 1개당 평균 10분을 넘지 않아야 효과적인 대응을

할 수 있음.
- 네이버와 다음 검색어를 크로스 체크해서 제목과 네티즌 반응이 비슷한 주제의 검색어를 같이 넣어줄 것. 예) 김희애 눈물(네이버) + 김희애 폭풍 오열 (다음) → 김희애 폭풍 오열 눈물
- 경쟁지인 ○○일보, 스포츠○○, ○○경제의 검색 기사에 대한 대응이 중요. 이들 기사가 상단에 올라와 있으면 가장 먼저 그 키워드로 기사를 써 우리가 우위를 점해야 함.
- 검색 기사 전쟁이 엄청나므로 기사를 빠르게, 많이 내는 게 중요함.
- 가장 중요한 건 클릭을 유발하는 제목.

실시간 검색어나 핫토픽 키워드를 가지고 온라인 기사를 쏟아내다 보니 내용은 크게 의미가 없거나, 이미 나온 기사들을 적당히 짜깁기한 것이 대부분이다. 그리고 10분 안에 기사를 내야 하니 팩트 체크를 하려야 할 수도 없을 것이다.

정말 이런 식으로 기사가 나올까 의심하는 독자들을 위해 실제 이런 방식으로 탄생한 괴물 같은 기사를 하나 예로 들어보겠다. 기사 제목은 무려 '교촌치킨 회장 6촌 권 상무 직원 폭행 갑질 폭로 보도에 신메뉴 허니순살 출시, 2018 독도 골든벨, 결식아동 급식 지원 줄줄이 묻히나?' 였다. 실시간 검색 순위를 장식했던 키워드들을 그대로 연결해 기사 제목을 뽑은 것이다.

솔직히 언론사 입장에서 생각해보면 (부끄럽지만) 가짜뉴스는 대수

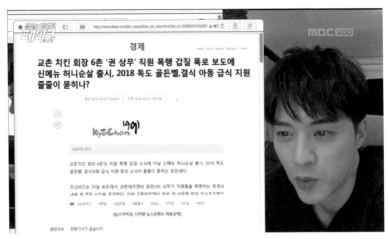

실시간 키워드들을 그대로 연결해 제목을 만든 '괴물 같은' 기사

롭지 않은 문제일 수 있다. 자신들이 생산해낸 뉴스가 가짜뉴스로 밝혀진다 한들 슬그머니 사과하고 넘어가거나, 어디 구석에다 아주 작게 '바로잡습니다'라고 정정보도를 내면 그만이기 때문이다. 하지만 이렇게 사과한다고 해서 모든 오해와 거짓이 악령 물러나듯 스르르 사라져 버릴까? 절대 그렇지 않다. 앞서도 언급했듯이 사람들은 자신의 실수나 잘못을 쉽게 받아들이지 않는다. 때문에 한 번 사실로 믿었던 정보를 다시 바로잡는 것은 생각보다 훨씬 더 어려운 일이다. 게다가 흥미진진한 가짜뉴스와 달리 사과, 정정보도는 재미가 없다. 그래서 좀처럼 화제가 되거나 확산되지 않는다.

〈당신이 믿었던 페이크〉에서 다루었고, 이 책의 4장과 2장에 각각 실린 배우 반민정 씨의 가짜뉴스와 '펭(ㅇ,ㅐ)닝 1릭' 가싸뉴스만 봐도 쉽게 알 수 있다. 2017년 10월, 연예 전문 온라인 언론 '디스패치'가 배우 조덕제 씨와 반민정 씨의 성폭력 문제에 관한 기사를 단독으로 냈다. 그 직후 디스패치를 인용한 관련 기사만 144건이 쏟아졌는데, 디스패치가 성폭력 피해자였던 반민정 씨의 실명과 얼굴을 최초로 공개하는 바람에 주요 포털 실시간 검색어 순위에는 반민정 씨의 이름이 종일 올라 있기도 했다. 기사는 반민정 씨가 정말 성추행을 당한 것이 맞는지 다시 검토해봐야 한다는 취지의 내용이었으나, 이후 해당 기사의 심각한 가해성과 오류에 대한 문제 제기가 있었고, 결국 디스패치는 피해자에게 사과하고 오류를 정정하는 공지문을 올렸다.

그렇다면 디스패치를 신나게 인용했던 다른 언론사들의 반응은 어땠을까? 사과, 정정보도에 대한 기사는 고작 4건에 불과했다. 디스패치의 최초 기사를 받아쓰던 기사가 144개에 이르렀던 것과는 극명하게 대조되는 부분이다. 심지어 이런 상황에서도 다수의 언론은 '반민정'이라는 이슈 키워드를 이용해 피해자의 몸매를 재조명하거나, 피해자의 과거 사진들을 활용해 다시 무의미한 기사를 만들어내기도 했다.

'반포의 모 아파트가 평($3.3m^2$)당 1억이 넘었다'는 기사 역시 150개가 넘게 쏟아졌다. 반면 국토교통부에서 이 내용이 허위라고 잠정 결론을 내린 후 이 기사가 가짜뉴스라는 사실을 다시 알린 기사는 고작 17개뿐이었다. 150 대 17. 역시 압도적인 차이가 있었다. 그런데 더 큰 문제가 있다. 허위 기사로 판명 난 이후에도 최초의 가짜뉴스가 여전히 원형 그대로 남아 있다는 것이다. 이렇게 보면 가짜뉴스도 좀비와 별 다를 바 없다.

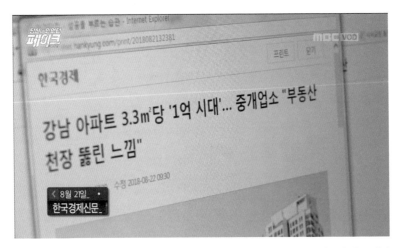

2018년 8월 21일 작성 기사. 당시 허위 사실로 밝혀졌지만, 현 시점(2021년 4월)에도 기사는 그대로 존재한다.

"일반적인 매체가 잘못된 정보를 기사화해서 그것을 유포했을 때 다른 언론사에서 그것을 받아쓰죠. 왜냐하면 사람들이 더 많이 클릭하고 더 많이 읽을 수 있는 요소를 가지고 있으니까요. 그런데 만약에 그 정보가 잘못돼서 원래 그 기사를 썼던 언론사가 정정보도 또는 수정보도를 내도 그것을 받아썼던 언론사는 관심이 없어요. 그리고 본인들은 책임이 없다고 생각해요. 왜냐하면 '임의의 다른 언론사에서 보도한 내용을 받아썼을 뿐이지, 내가 그 기사를 쓴 것이 아니다.' 이런 생각을 하는 거예요."

_최진봉, 성공회대 신문방송학과 교수

거듭 말하지만 어떤 언론사의 기사가 가짜뉴스로 판명 난다고 해도 해당 언론사에서는 크게 손해를 보지 않는다. 그래서 가짜뉴스로 인한 득실을 감히 저울질해볼 수 있는 것이다. 부끄럽고 안타깝지만 이것이 한국 사회의 현실이다. 가짜뉴스의 심각성에 대한 문제 제기가 계속되고 있음에도 가짜뉴스를 막을 수 있는 강력한 특별법은 없다.

가짜뉴스를 생산한 언론인과 언론사를 강력하게 처벌할 수 있는 여러 법안이 계속해서 발의되고는 있지만, 지난 19, 20대 국회에서도 통과되지 못했고, 21대 국회가 출범한 지 1년이 지난 지금 이 순간에도 가짜뉴스 처벌법은 뿌연 안갯속에서 표류하고 있다. 결국 가짜뉴스에 대응할 수 있는 현실적인 방법이라고는 피해자가 직접 언론 중재를 신청해 정정보도를 요구하거나 명예훼손으로 대응하는 방법뿐이다. 하지만 언론사를 상대로 소송을 진행하는 게 어디 쉬운 일인가.

결국 현재와 같은 언론 생태계에서는 가짜뉴스의 수를 조금씩 줄여나갈 수는 있어도, 가짜뉴스 전체를 원천 봉쇄하기는 어렵다. 물론 각 언론사들이 가짜뉴스를 막기 위해 나름의 노력을 기울이고 있고, 다양한 팩트 체크 시스템을 도입하고는 있다. 하지만 보다시피 갈 길이 멀다. 그러니 죄송한 말씀이지만 뉴스를 클릭하는 뉴스 소비자들이 일단 조심하는 수밖에 없다. 그렇다면 어떻게 가짜뉴스를 피할 수 있을까? 몇 가지 간단한 팁을 정리해봤다.

❶ '화제', '논란'이라는 말은 따져보자.

특히 연예계나 정치계의 유명인과 관련된 기사를 보면 '화제', '논란', '이슈', '뜨겁다' 등의 수식어가 많이 붙는다. 이유는 뉴스 소비자들의 심리를 자극하기 위해서다. 마치 '지금 이 뉴스가 엄청 뜨거운데 당신은 아직 모르시는 건가요? 어서 클릭해보세요'라고 말하는 듯하다. 하지만 그 정도로 화제가 되는 이슈였다면 당신이 정말 모르고 있을 리가 없다. 그토록 다급하게 화제와 논란을 언급하는 기사라면, 제목 맨 뒤에 '~되었으면 좋겠다'라는 말을 살며시 붙여보자. 그것이 이 기사의 속내이니까.

사실 화제나 이슈라는 단어는 어떤 객관적인 기준이 없는 표현이다. 기사 생산자가 '화제다'라고 하는 순간 그 내용은 '화제'가 되는 것이다. 그래서 이런 기사를 보게 되면 기사 내용에서 '어디서 얼마나 어떻게 화제가 되고 있는지'를 따져봐야 한다. 가장 쉽게 붙는 근거들은 '네티즌들 사이에서, 모 커뮤니티에서, 전 세계에서' 등이다. 하지만 막상 직접 확인해보면 이게 그렇게 화제인가 싶은 경우가 대부분이고, 굳이 이렇게 기사화할 만한 내용인지 의문이 드는 기사들도 많다. 그러다 보니 이슈의 본질과는 전혀 상관없는 다른 내용들만 여기저기서 달라붙어 무의미한 기사가 완성되는 경우도 부지기수다. 가짜뉴스가 될 확률이 매우 높다는 말이다.

❷ '따옴표'를 조심하자.

흔히 '카더라 뉴스'라고도 한다. '누군가가(혹은 어떤 언론이) 이렇게 저렇게 말했다'라며 그대로 인용하는 기사다. 자주 인용되는 매체로는 디스패치가 있다. 포털사이트에서 '디스패치에 따르면'이라는 말을 검색해보자. 디스패치가 생산한 기사를 그대로 받아쓰는 수많은 기사를 볼 수 있다. 이 자체가 문제라는 이야기가 아니다. 다만 이 과정에서 최초 기사 내용에 대한 팩트 체크 없이 그대로 복제되는 기사가 대부분이기 때문에, 만일 최초 기사에 사실과 다른 내용이 포함되어 있을 경우 그 피해는 걷잡을 수 없이 막대해질 수 있다는 것이다.

특히 최근 들어서는 개인의 SNS를 그대로 인용하는 기사가 많아지고 있는데, 이러한 기사들은 더욱 위험할 수 있다. 개인의 생각과 코멘트는 매우 주관적이고 사실 확인을 제대로 거치지 않은 경우가 많기 때문이다. 언론사 입장에서 유명인의 SNS는 너무나 고마운 존재일 수밖에 없다. 앉은자리에서 쉽게 인용 기사를 완성할 수 있으니까. 어디 그뿐인가? 진짜 고마운 점은 또 있다. 인용한 내용이 잘못되었다 한들 인용 기사를 낸 언론사들은 절대 그 책임을 지지 않는다. 이유는 그 언론사가 직접 작성한 기사가 아니라 '다른 사람이 한 말을 옮긴 것일 뿐'이기 때문이다. '따옴표 저널리즘'은 매우 뻔뻔하고 무책임하다.

❸ '그럴싸한 출처'를 의심하자.

비슷한 맥락에서 조심해야 할 것이 또 하나 있다. 바로 그럴싸한 출처의 기사들인데, 대부분 해외 언론 매체의 기사나 논문을 받아쓴 국내 기사들을 의미한다. 내용 출처란에 외국어가 적혀 있으면 왠지 모르게 신뢰도가 올라가는 듯한 느낌을 받아본 적이 있을 것이다. 하지만 그럴수록 조심해야 한다. 팩트 체크가 번거롭다는 이유로 엉성하게 작성되는 경우가 많고, 번역이 잘못되거나 심지어 내용이 완전히 허구인 경우도 있기 때문이다.

2017년 11월, 베트남 축구대표팀의 돌풍을 기억하는가? 당시 약체로 평가받던 베트남 축구팀이 강팀을 연달아 제압하며 화제가 됐고, 무엇보다 선수들이 최선을 다하는 아름다운 모습이 전 세계의 관심을 받았다. 물론 국내 언론사들도 앞다투어 이 훌륭한 뉴스를 전달했다. 우리에게 더 반가웠던 것은 그 중심에 자랑스러운 박항서 감독이 있었기 때문이다. 연일 박항서 감독에 대한 훈훈한 기사들이 쏟아졌고, 때로는 한국 축구대표팀보다 더 큰 이슈가 되기도 했다.

그러던 어느 날, 인상적인 글이 하나 등장했다. 박항서 감독이 베트남 축구대표팀 선수들을 격려하는 명연설을 남겨 선수들이 눈물을 흘렸다는 내용이었다. 그러자 몇 언론사가 이 내용을 기사화하기 시작했고, 한 방송사에서는 저녁 메인뉴스 앵커가 이 에피소드를 소개하기까지 했다. 하지만 바로 며칠 뒤, 이 앵커는 시청자들에게 고개 숙여 사과해야만 했다. 무슨 일이 있었던 걸까?

박항서 감독의 훈훈한 일화가 처음 올라왔던 곳은 어느 대형 커뮤니티였다. 내용은 매우 감동적이었거니와, 이 글의 끝에는 출처로 'Thoi Bao Kinh Te 경제시보(17. 11. 25.)'라고 적혀 있었다. 아주 그럴싸하지 않은가?

박항서가 통역관이랑 선수들 다 집합 시킴.

파이트 너는 태도가 왜들 그 모양이냐"

그때 응 우엔 칵 하이가 손들고 이렇게 말했다고 함

"감독님 저흰 이런 훈련 받아 본 적 없고 너무 힘듭니다. 시합 하기도 전에
다 쓰러질 거 같아요. 훈련량좀 줄여주세요"

박항서가 그 말 듣고 딱 한 마디 함

"너흴이 입고 있는 경기복, 신발, 먹고 마시는 어느 것 하나
너희 국민들의 피와 땀이 아닌 게 없다. 겨우 그 정도가 힘들어 편할 걸 찾으려면
축구 선수 하지말고 다른 걸 해라. 나도 즉시 한국으로 돌아가겠다.
훈련을 게을리 한다는 것은 조국과 국민을 배신하는 것이다. 참가국 어느 하나중
너희가 만만하게 볼 상대국이 있더냐?
힘 들더라도 앞만 보고 뛰어라. 그래도 힘들면 가슴에 붙어있는 금성 홍기(베트남 국기이름) 하나만 생각해라.
넘어지고 실패해도 모든 책임은 내가 진다. 조국에게 보답하는 길은 훈련 뿐임을 명심해라"

박항서가 일침 놓으니까 쌕국 선수들 눈물 핑핑 쫄쫄 흘렸다는 이야기.

이후 다수의 인터넷 기사와 어느 방송사의 저녁 메인뉴스에서도 같
은 내용이 그대로 인용됐다. 모두가 의심 없이 '그렇구나' 했던 것이다.
베트남 언론에 직접 사실 확인을 하기가 얼마나 번거롭겠는가. 하지만
며칠 뒤, 이 글의 작성자가 충격적인 고백을 했다. 바로 이 글은 모두 자

2018년 2월 3일, MBN <뉴스8>의 사과방송

신이 지어낸 이야기, 즉 '뻥'이었다는 것. 그뿐 아니라 이 작성자는 팩트 체크도 없이 기사가 생산되고 있는 세태를 비꼬며 '발로 뛰며 써라'라는 말도 남겼다고 한다.

❹ 복수의 기사를 체크하자.

　가짜뉴스가 나에게 다가오는 것을 막을 수 없다면, 번거롭더라도 내가 직접 가짜뉴스를 피하는 수밖에 없다. 가장 쉬운 방법은 비슷한 이슈의 다른 기사들을 같이 검색해보는 것이다. 한 언론사가 가짜뉴스를 낼 가능성은 높을 수 있다. 하지만 같은 이슈에 대해 다수의 언론사들이 똑같이 가짜뉴스를 쏟아낼 확률은 그만큼 높지 않다. 그러니 아주 자극적인 뉴스를 하나 발견했다면, 친구들에게 곧장 공유하기 전에 기사 제목이나 키워드를 한번 검색해보자. 완전히 반대되는 내용의 기사를 발견하게 될지도 모른다. 무심코 내가 공유한 가짜뉴스 링크 한 개가 순식간에 수백만 명에게까지 퍼져 나갈 수 있다는 사실을 명심해야 한다.

❺ '바로잡습니다'를 찾아보자.

　기사가 잘못되었을 때 해당 언론사는 정정기사를 내거나 사과를 해야 한다. 하지만 앞서 언급했듯이 사과방송은 매우 짧고 빠르게 지나가고, 정정기사는 아주 작게, 그것도 한구석에 자리한다. 심지어 전날 1면을 크게 장식했던 대박 기사였더라도, 막상 정정기사는 어디에 숨어 있는지 찾아보기도 힘들다. 그럼에도 '바로잡습니다'를 한번 작정하고 찾아보자. 종이 신문이든 온라인 사이트든 관심을 두고 찾다 보면 꽤 많은 정정기사들을 만날 수 있을 것이다. 그리고 꼼꼼하게 읽어보기를 추천한다. 혹시 내가 읽었거나 공유했던 기사에 해당되는 내용은 아닌지 점검해보는 것이다. 때로는 뒤통수를 세게 얻어맞았을 때처럼 분노가 터질 것이고, 때로는 이들의 뻔뻔함에 웃음이 절로 나오게 될 것이다.

지금까지 소개한 5가지 팁은 아주 소소한 가짜뉴스 방어법이자 피해를 줄이기 위한 최소한의 노력일 뿐이다. 근본적인 대책은 당연히 뉴스를 생산하는 자들이 마련해야 한다. 법과 제도의 느슨함 뒤에 숨어 정확하지 않은 기사를 무책임하게 생산해낸다면, 그 피해는 눈덩이처럼 커진 채 다시 생산자에게 돌아올 것이라는 사실을 명심해야 한다. 가짜뉴스의 해답은 오직 진짜뉴스뿐이다.

PART2.

FAKE NEWS

돈과
가짜뉴스

01

경제방송의
뒷광고

SBS CNBC 전경

'부동산 전문가'가 공언한 3.3㎡당 1억 시대?

　SBS CNBC는 SBS미디어넷 소속의 경제전문 채널이다.[1] 거대 민영 방

---

1 〈당신이 믿었던 페이크〉 방영 시점 및 이 글의 집필 시기에는 채널명이 SBS CNBC였으나, 2021년 1월부터 SBS Biz로 바뀌었다.

송사인 SBS의 신뢰도에, 미국 NBC의 경제전문 방송인 CNBC와 제휴해 CNBC의 로고를 그대로 사용했다. 경제뉴스를 중심으로 증권, 보험 관련 프로그램을 주로 방영했는데, 시청자들의 가장 큰 관심사인 부동산 관련 프로그램도 하루에 몇 번씩 방송했다. 2018년 SBS CNBC에서 가장 많이 눈에 띈 전문가는 '부동산계의 알파고'라고 소개되는 장용석 씨였다. 당시 그는 SBS CNBC 방송에서 '2018년 8월 강남에 1억 시대가 열렸다'는 가짜뉴스(2021년 4월 현재, 그 가짜뉴스가 어느 정도 현실이 되기는 했다)를 열심히 설파하고 있었다.

"(3.3㎡당) 1억 넘는 아파트가 이미 있어요. (중략) 그러니까 24평형이 24억 500만 원에 거래돼서 평당 1억 시대를 찍어버렸습니다."

2018년 9월 장용석 씨가 "1억 시대를 찍어버렸다"고 단정할 수 있었던 근거는 당시 '한국경제'의 어느 기사였는데, 이 기사는 결국 가짜뉴

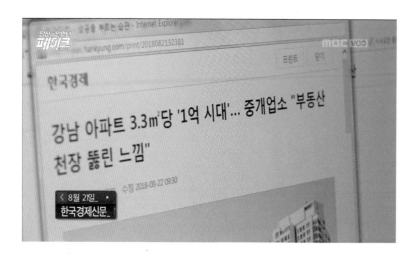

스로 판명되었다. 2018년 9월에 그런 실거래는 기록되지 않았음에도, 이 허위기사를 토대로 많은 전문가(?)들과 기자들이 거짓 소문을 실제로 만들어버렸다.

◆3.3㎡당 1억원 첫 돌파

21일 반포동 일대 중개업소에 따르면 이달 중순 아크로리버파크 전용면적 59㎡(공급면적 80㎡·옛 24평형) 중층이 24억5000만원에 매매 거래됐다. 지난 1월 18억7000만원에 실거래된 주택형이다. 반년 새 매매 가격이 5억8000만원 정도 튀어오르면서 3.3㎡당 1억원을 넘어섰다.

이번에 거래된 물건은 59Cm타입이다. 59㎡ 중에서도 희소성이 있는 주택형으로 평가받는다. 이 단지 전용 59㎡ 238가구 중 26가구가 이 타입이다. 대부분 가구에서 한강과 남산을 조망할 수 있다. 한강이 보이지

한국경제신문의 '강남 아파트 3.3㎡당 1억 시대' 기사

장용석 씨는 SBS CNBC에서 2개 이상의 고정 프로그램을 진행하고 있었고, SBS 뉴스와 다큐 프로그램, 그리고 다른 채널에도 부동산 전문가로 출연했다. 그는 '장대장부동산그룹'이라는 기업의 대표이사로, 이런 배경을 보면 그는 부동산 전문가였다.

장대장부동산그룹은 자사 홈페이지에 3개의 부동산 프로그램을 제작해 경제전문 채널에서 방송하고 있다고 광고하고 있었다. 과연 그들은 어떤 프로그램을 제작하고 있었던 것일까? 결론부터 말하면 프로그램이 아니라 광고였다. 요즘 크게 문제가 되는 이른바 '뒷광고'였는데,

아마 뒷광고 역사상 가장 노골적이면서 가장 금액이 큰 물건을 다루는 광고가 아닐까 싶다. 프로그램에 등장하는, 몇억을 호가하는 집을 그들은 마치 유망 매물인 양 소개하고 있었지만, 실제로는 광고였던 것이다. 이제 그 실상을 만나보자.

장대장부동산그룹 홈페이지와 프로그램들

투자 가치 좋은 부동산 매물, 사실은……

장용석 씨가 출연하는 부동산 프로그램 화면

장대장부동산그룹은 3개의 방송을 당시 SBS CNBC에 납품하고 있었다. 〈부동산 따라잡기〉, 〈부동산 삼국지〉, 〈부동산 플러스〉였다. 그가운데 〈부동산 삼국지〉는 개그맨 황현희 씨가 진행을 맡고 부동산학과 교수들과 장용석 대표가 함께 부동산 현안을 토론하는 프로그램이었다. 주로 부동산 경기와 정부 정책에 관한 토론이 주를 이루었는데, 이 프로그램을 보면 장용석 대표는 의심의 여지 없는 부동산 경제 전문가이다. 장대장부동산그룹은 SBS CNBC와 함께 'SBS CNBC 부동산 포럼'이라는 부동산 투자 강연회를 크게 개최하기도 했다.

그런 그가 〈부동산 따라잡기〉라는 프로그램에서는 매물을 직접 소개했다. 그가 찍은 특정 지역의 특정 부동산 매물을 이른바 '유망 매물'이라며 소개를 하는 방식이었다. 어제는 부동산 전문가로 대학교수와 토론을 벌이던 사람이 오늘은 유망 매물을 소개하니, 시청자 입장에서는 귀가 솔깃할 수밖에 없다. 프로그램에서 소개한 매물은 SBS CNBC 타이틀을 달고 장대장부동산그룹 홈페이지에도 소개되고 있었다.

장용석 대표 외에, 장대장부동산그룹 이사라는 타이틀을 가진 또 다른 전문가(?)도 프로그램에 등장해 유망 매물을 소개했다. 그가 다루는 매물은 경기도에서 가장 핫한 광교 지역 빌라였다.

"판교가 그 정도 되면 광교가 항상 그러죠. 판교가 뛰면 광교도 뛰고……"

서울 영등포구의 오피스텔 투자 정보도 알려주었다.

"500만 원에 놓고 있습니다. 월세는 130만 원 가능하겠고요. "

작은 오피스텔인데 월세를 받으면 수익률이 5%가 넘는다고 소개한다. 대출 금리가 2~3% 수준이니 확실히 남는 장사다. 그런데 방송 중에 전화번호가 하나 소개된다.

<부동산 따라잡기> 매물 소개

"궁금한 점 있으신 분들 많이 계실 겁니다. 그런 분들은 지금 02-××××-△△△△로 전화 주십시오."

2020년에 EBS에서 방영되었던 <돈이 되는 토크쇼 - 머니톡>이라는 프로그램이 문제가 된 적이 있다. 프로그램에서 보험 상담 전화번호를 알려주는데, 그 번호로 전화하면 특정 보험회사로 넘어갔던 것이다. 그런데 보험보다 훨씬 더 위험성이 큰 부동산 매매에 대한 상담 전화번호라…… 과연 어디로 넘어갈까?

"방송 보고 전화 드렸는데요, 거기가 어디인가요?"

"SBS CNBC 〈부동산 따라잡기〉예요."

"방송국요? 방송 내용이 궁금해서 전화 드렸는데요."

"성함 알려주시면 전문가분들께 전달해드릴게요."

"전문가분이라고 하면 방송에서 매물 소개해주셨던 그분인가요?"

"장대장부동산그룹에 계신 전문가분이 전화 드릴 겁니다."

점점 더 궁금해졌다. 과연 프로그램에서 소개하는 부동산 매물들은 어떤 물건들일까? 장대장부동산그룹을 직접 찾아가봤다.

돈을 '내고' 제작하는 방송

강남에 위치한 장대장부동산그룹 사무실에서는 매주 부동산 관련 투자설명회를 개최하고 있었다. 대표이사인 장용석 씨와 함께 TV에 출연하는 장모 이사가 주로 강의를 맡았다. 4회 강연에 30만 원의 회비. 현장에서는 20여 명의 사람들이 강의를 듣고 있었다. 강의 내용은 부동산 시장 전망과 유망 지역 정보가 주였는데, 경제신문, 부동산 사이트, 포털사이트 뉴스에서 흔히 접할 수 있는 정보들이었다. 장대장부동산그룹이 어떻게 SBS CNBC와 함께 부동산 관련 프로그램을 제작하는지 궁금해 물었더니 황당한 대답이 돌아왔다.

"방송사 부동산 프로그램은 우리 회사(장대장부동산그룹)가 다 운영하는 거예요. 별것도 아니죠. 뭐 한 달에 2억밖에 안 들어가요."

제작비가 한 달에 2억 원이나 든다는 이야기인가? 제작비 2억 정도의 프로그램은 결코 아니었다. 한 달에 4회 방송, 블랙 커튼에 평범한 조명을 쓰는 세트, 출연료 등을 모두 고려해도 5000만 원이면 뒤집어쓸 정도의 퀄리티이건만 2억 원이라니…… 그런데 그 2억 원은 제작비 개념이 아니었다. 한 달에 2억 원을 SBS CNBC에 낸다는 뜻이었다.

"그러면 방송사에서 제작비를 주는 건가요?"
"아이고, 우리가 내는 거예요. 한 달에 2억 내요."

제작비를 방송사에서 주는 게 아니라 거꾸로 장대장부동산그룹에서 거액의 돈을 내고 SBS CNBC로부터 편성을 받았다는 놀라운 사실. 하지만 이 놀라운 사실이 이미 부동산 업계에서는 공공연한 것이었다. 국내 굴지의 은행에서 부동산 관련 투자 자문을 하는 전문가도 이미 사실을 알고 있었다.

"그거 돈 내고 하는 거예요. 한 시간에 얼마, 이런 식으로 프로그램을 사는 거죠. 장대장부동산이 이런 식으로 돈 내고 하는 것 다 알아요. 방송사랑 어떤 관계인지 모르겠어요."

거액의 돈을 SBS CNBC에 주고 방송을 할 정도라면, 장대장부동산그룹이 그 방송을 통해 얻는 이익이 상당하다는 뜻. 과연 그들의 비즈니스 모델은 무엇일까?

경제방송이 만든 희한한 비즈니스 모델

일단 방송에 소개되었던 매물의 분양사무실 몇 곳을 찾아가보았다. 먼저 강남 지역의 빌라 분양사무소였다.

> "오늘 장대장부동산 ○○○대표님이 오셔서 바로 그냥 (계약하고 갔어요). 장대장부동산 분들이 (손님을) 모시고 오면 바로 계약하세요."

앞서 언급했듯이 방송에 소개한 매물을 보고 전화를 걸면 SBS CNBC라며 전화를 받는다. 시청자 입장에서는 신뢰 있는 경제방송사가 직접 매물을 골라준다고 믿게 된다. 실상은 SBS CNBC에 돈을 내고 방송권을 따낸 장대장부동산이지만. 장대장부동산그룹 관계자들은 방송을 보고 매물을 찾아온 전국의 투자자들을 상대로 마케팅 활동을 펼친다.

> "다 방송 보고 오죠. 부산, 제주도, 광주, 대구 등에서요. 지방 사람들은 서울에 아는 부동산 중개업체도 없고 지역도 모르는데, 방송은 꾸준히 내니 의심할 게 없어요. 보러만 왔다가 4채 산 사람도 있죠. 다 수준 있는 사람들이 왔어요."

방송에서 소개하고 직접 마케팅까지 하는 이 부동산 매물들은 다른 물건들에 비해 훨씬 더 인기가 있다. 자신이 지은 건물을 팔아야 하는 건설업자 입장에서는 마다할 이유가 없다. 특히 아파트보다 분양하기가 쉽지 않고 빨리 팔아서 자금을 돌려야 하는 오피스텔, 빌라 등의 사업자들에게는 유혹적이었다. 부동산 중개업자의 말을 들어보자.

"장대장부동산이 저희 물건 되게 많이 팔아요. 6개월 전에 천호동에 있는 거 40채 팔았어요."

매물들을 대신 방송에 소개해주고 방송 후 투자자들을 모집해 팔아주면 장대장부동산그룹은 도대체 얼마의 수수료를 받는 걸까? 한 분양업자는 5억 상당의 빌라를 1채 팔면 수수료로 1200만 원을 준다고 이야기했다. 천호동 현장에서 40채를 팔았다면 장대장은 5억 가까이 되는 금액을 벌었다는 이야기가 된다. 그런 매물들이 수십 건이니, 장대장부동산그룹으로서는 SBS CNBC에 거액을 주고 방송권을 따낼 이유가 충분했다. 너무나 쉬운 비즈니스 모델인 셈이었다. 장대장부동산그룹 관계자는 분양 현장에서 "전문적인 종합건설 건축주를 한 20개 끼고 (분양) 대행 역할을 해주는 거예요. 우리가 컨설팅 다 해주면서 같이하는 거예요"라고 자랑 삼아 이야기했다. 이런 말도 덧붙였다.

"(방송사와) 1년 단위 계약하잖아요. 장용석 대표님이 프로그램을 1년치 사는 기죠. (방송 제작에 들어가는) 돈이 수십억! 아나운서, PD, 우리가 다 면접 봐서 뽑아서 우리가 월급 주는 거예요. 이걸 따내서 유지하는 것도 얼마나 힘든지 말도 못해요."

이 취재 내용을 언론 전문가인 민주언론시민연합 김언경 사무처장에게 들려주었을 때 그는 놀라움을 금치 못했다.

"상상하지 못한 방법인 거예요. '제작진들이 객관적인 근거로 매물을 선정해서 저렇게 보여주겠지'라고 생각했지, 설마 그것이 어떤 특정 업체가 방송 시간을 돈

주고 사서 자기가 팔고 싶은 물건을 좋은 투자 재료라고 이야기했다고는 상상할 수가 없었거든요."

그야말로 기상천외한 방식이었던 것이다.

장대장부동산그룹이 제작하는 방송에서는 이런 멘트가 흘러나온다.

"다세대 주택 매물이라든가 여러 가지 투자정보를 여러분께서 받아보시는 것이 좋을 것 같습니다."

"고급정보와 노하우를 통해서 제대로 된 투자원칙 만들어 가시기 바랍니다."

"다만 방송에서 제공하는 정보는 투자 판단의 참고자료일 뿐 해당 부동산 가치를 보장하지 않는다는 점……"

부동산 프로그램 화면들

투자정보라고 포장되었지만 정보가 아니었다. 자신들이 직접 파는 물건에 대한 광고였다. 그런데 이 광고가 버젓이 SBS CNBC 홈페이지와 포털사이트 등에 뉴스로 제공되고 있었다. 일종의 쇼였고, 정보를 가장한 신종 가짜뉴스였다. 법적으로는 허위광고가 되는 것이고 또 기만적인 광고가 되는 것이다. 당연히 '표시·광고 공정화에 관한 법률' 제3조에서 규율하는 거짓 광고, 기만적인 광고에 해당한다.

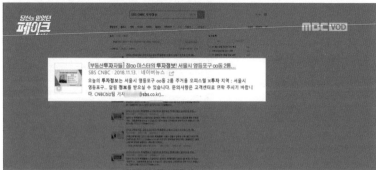

투자정보인 양 뉴스로 제공되는 광고 매물들

SBS CNBC와 장대장부동산그룹과의 관계

지상파 방송사업자 SBS와 특수관계인 SBS CNBC. 그들은 이 내용에 대해 철저하게 함구했다. 사실 SBS라는 타이틀로 부동산 업자를 부동산 전문가로 포장해서 그들에게 엄청난 사회적 자본을 준 것이나 다름 없었다. 유명세, 신뢰도 등을 제공한 당사자는 바로 SBS CNBC였다. 이 부동산 프로그램 담당자는 꽤 유명세가 있는 PD였다. 전화, 메시지, 이 메일을 통해 그에게 수차례 연락해보았지만, 그 어떤 취재에도 응하지 않았다. 돈을 받고 광고성 매물을 소개하는 투자 프로그램을 만들게 된 경위에 대해 물으려 했으나 책임 있는 답변을 하지 않았다.

장대장부동산그룹을 찾아가 장용석 대표를 만나려 했지만, 역시 취재에 응하지 않았다. 전화를 걸고 문자메시지를 남겨도 답변을 못 받았고, 일주일이 흘렀을 때 장대장부동산 사무실에서 세미나가 열린다는 소식을 듣고 찾아갔으나 역시 장용석 씨를 만날 수 없었다.

방송이 끝나고 전국언론노동조합 SBS본부는 "SBS 브랜드를 쓰는 SBS 미디어홀딩스 계열사가 부동산 업체로부터 돈을 받고 편성 시간을 판 것도 모자라 정체를 알 수 없는 부동산 업자들의 사익추구에 판을 벌여준 꼴"이라며 "도덕성 문제를 넘어 방송법과 협찬고지 규칙 등 현행 법령 위반 소지도 있다"고 비판했다.

방송통신심의위원회도 이 문제를 다루었다. SBS CNBC를 포함해 다수의 경제방송에 대한 전수조사를 벌였다. 10개 경제 PP(Program Provider, 방송채널사용사업자)의 프로그램을 모니터한 결과, 다수의 경제 부동산 프로그램에서 출연자가 직접 자신이 판매하는 매물을 추천한 것으로 밝혀졌다. 방송통신심의위원회는 이들 프로그램에 대해 법정제재인 '주의'를 의결했다.

〈당신이 믿었던 페이크〉 제작진에게는 장대장부동산그룹과 장용석 대표로부터 소장이 날라왔다. 명예훼손 등으로 손해배상을 하라는 민사소송이었다. 대법원까지 간 소송의 결과는 손해배상을 할 필요가 없다는 것이었다. 재판 과정에서 SBS CNBC가 그토록 감추려고 했던 계약관계가 밝혀졌다. 돈을 주고 방송을 했고, 심지어 장대장부동산그룹이 방송을 통해 SBS CNBC 측에 거액의 수수료를 냈다는 게 그들이 제출한 증거에 의해 사실로 증명되었다. 장대장부동산그룹은 자신들의 매물을 스스로 방송을 통해 팔았던 것이다.

언론이 만든
'가짜 브랜드대상'

언론사의 수상한 공문 – "상 타려면 돈 내세요!"

언론 비평 전문지인 '미디어오늘' 앞으로 공문이 왔다. '미디어오늘이 조선일보 후원 브랜드대상 후보에 선정됐다'는 내용이었다. 소비자가 뽑는 '2019 소비자 만족대상'이며, 수상을 하면 후원 매체(조선일보)가 기사를 10번 내주고 포털사이트에도 노출될 수 있다고 했다.

조선일보에 이어 머니투데이에서도 비슷한 내용의 메일이 왔다. 히트 브랜드로 선정되면 뉴스 채널을 통해 언론홍보 서비스 6회(후속 기사 6건) 지원, 히트 브랜드대상 인증서 및 상패, 엠블럼 등도 제공된다고 했다.

 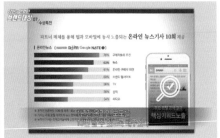

그런데 수상을 하면 상금을 줄 법도 한데, 그게 아니라 반대로 '돈을 지불해야 한다'고 한다. 250만 원을 내야 수상할 수 있다는 것이다. 대기업은 1000만 원, 중소기업은 250만 원, 부가가치세는 별도다. '미디어오늘'처럼 언론을 감시하는 매체에 이런 공문을 보냈다는 건 언론의 '수익 장사'가 만연화됐다는 걸 말해준다.

언론사의 부끄러운 민낯, '돈 받고 상 주기'

언론의 상 장사는 오랜 관행이다. 브랜드대상은 10여 년 전부터 언론의 수익 모델로 등장했다. 시상식을 주관하는 언론사는 홍보비, 협찬비, 심사비 등의 명목으로 엄청난 수익을 챙긴다. 언론사들의 주요 수입원이었던 광고비가 떨어지고 수익 구조가 안 좋아지면서 브랜드 대상과 같은 홍보비, 후원 등으로 이익을 창출하는 것이다. 홍보비는 '조중동'의 경우 약 2000만 원, 경제일간지 300~500만 원, 스포츠지는 100~200만 원 선이다. 기업들이 돈을 내면서까지 상을 받으려고 하는 이유는 뭘까? 자사 브랜드를 우수 브랜드로 포장해서 알릴 수 있기 때문이다.

브랜드대상의 삼각관계 구조

언론사로서는 자신들의 홍보력과 공신력을 이용해서 부족한 수익을 채울 수 있는 좋은 기회이고, 기업이나 지방자치단체의 입장에서는 돈만 내면 수많은 언론사 시상식 가운데 어디에 참가할지 선택할 수 있기에 굉장한 홍보 효과를 얻을 수 있다.

언론과 지방자치단체의 이상한 공생관계

경제정의실천시민연합에 따르면(2019), 국내 주요 언론사들은 해마다 10개에서 30개에 달하는 시상식을 주최해 공공기관, 지방자치단체, 민간 기업 및 정·재계 인사들에게 상을 준다. 지자체와 공공기관은 상을 받을 때마다 400만 원, 많게는 2750만 원까지 냈다. 2014년 이후 지자체가 '돈 주고 상 받기'로 쓴 예산은 정보공개청구로 확인된 것만 49억 3700만 원이다. 이 중 84.7%인 41억 8천만 원이 언론사가 주최한 시상식으로 흘러들어갔다. 특히 종합일간지 3곳과 경제지 2곳 등 5개사가 주최한 시상식에 40억 원 이상이 집중된 것으로 나타났다.

'국가브랜드 대상'은 중앙일보가 주최하는 시상식이다. 중앙일보는 이 시상식을 통해서 매년 1억 5천만 원가량 수익을 얻고 있다. 〈페이크〉 제작팀이 취재했던 옥천군은 '옥천 포도' 타이틀로 8년 연속 국가브랜드 대상을 수상했다. 1회당 수상 비용은 약 3천만 원. 8년 연속 수상했으니 총 2억 4천만 원을 지출한 것이다. 주민들은 '옥천 포도가 공정한 기준으로 선정되어 상을 받았다'고 생각하지, 연간 3천만 원의 홍보비를 상과 맞바꾼다는 사실은 알지 못한다.

김언경 민주언론시민연합 사무처장은 국가브랜드대상을 두고 "사실상 일종의 광고 협찬을 받아내는 수익 사업이다. 돈을 줘야 보도나 홍보가 된다는 점에서 공신력 있는 상일 수 없다. 마치 홍보 전단을 만드는 것처럼 홍보를 빌미로 과다한 비용을 받고 있다"고 지적했다.

지자체는 왜, 돈을 내면서까지 상을 받으려는 것인가?

1) 가장 큰 수상 특전: 중앙일간지에 기사가 실린다.

브랜드대상의 최고의 수상 특전은 바로 중앙일간지에 기사가 실린다는 것이다. 지자체에서는 "신문에 광고를 내려면 적어도 몇천만 원이 드는데, 전국적인 매체에 이렇게 기사가 실리면 그 홍보 효과는 엄청나다"고 했다. 신문사 연합광고, 지하철 스크린도어 광고, 서울 광화문과 서대문 대형 전광판 광고, 다양한 신문·잡지 광고 등 패키지처럼 특전을 준다는 것이다.

> "신문에 광고를 내려면 몇천만 원 단위까지 써야 하는데, 수백만 원 비용으로
> 전국적 매체에 한 번 실리면 괜찮죠."
>
> _경주시 관계자

> "언론사에서 '참가할 거냐'고 먼저 공문이 와요. 참가하다 보니까 8년 연속, 9년 연속, 이렇게 연속성 있게 가는 게 좋잖아요."
>
> _옥천군 관계자

지자체에서는 이렇게 수백만 원, 많게는 수천만 원을 내면서까지 언론사 주최 브랜드대상을 수상하는 게 브랜드 가치를 높이고 지역민을 위한 홍보라고 설명하지만, 정작 시상식에서 수상자로 상패를 받는 인물은 시장이나 군수 등 지자체장이다. 보도자료에도 대부분 이들의 얼굴이 등장한다. 지역민을 보기 어렵다. 이런 상의 이득은 보통 지자체장에게 돌아간다. 해당 지자체장이 선거 후보가 되었을 때 홍보물에 한 줄 추가할 수 있기 때문이다. 경실련 통계자료에 따르면 실제로 2018년에 치러진 지방선거에서 재선 이상 지자체장 당선자 79명 가운데 49명이 본인의 선거 홍보물에 언론사나 민간단체가 준 상을 받은 사실을 적었다.

문제는 이렇게 상을 받기 위해 지자체가 지출한 홍보비가 '세금'이라는 것이다. 주민이 낸 세금으로 구성된 예산이 개인의 이력에 한 줄을 추가하기 위해 집행되는 것이다. 정부 기관을 비판하고 감시하는 것이 언론의 역할일진대, 언론 스스로가 이렇게 돈을 받고 정부 기관을 홍보해주고 있다는 사실은 충격적이다.

2) 수상은 무한반복

'○○시, 9년 연속 브랜드대상 수상!'
'△△군, 2년 연속 3개 브랜드대상 수상!'

지자체의 언론사 주최 시상식 수상 실적을 보면 연속적이거나 중복되는 경우가 많다. 이런 시상식에 대한 정보나 선정 근거 등을 알아보려고 해도 시상식 홈페이지조차 없는 경우가 많다. 홈페이지가 있어도 선정 근거 등은 찾기 어렵고 정작 중요한 소비자조사는 진행하지 않는다. 유력 일간지에서 주최하는 브랜드대상도 마찬가지다. 객관적 근거에 의해 선정했다면 수상 기관이 바뀔 법도 한데, 한 번 수상한 기관은 보통 4~5년, 길게는 10년까지도 연달아 상을 받는다.

조사도, 수상 기관 선정 기준도 없다. 오직 돈이면 다 된다.

포털사이트에 '브랜드대상'을 검색해보면 각종 시상식들의 명칭이 바로 나온다. 대한민국 대표브랜드대상, 국가브랜드대상, 국가대표브랜드상, 한국인기브랜드대상 등, 그 이름도 비슷비슷해서 정확히 구별하기도 어려울 정도다. 한 홍보대행사 홈페이지를 보니 유사한 명칭의 브랜드 시상식이 12개나 나와 있었다.

이런 브랜드대상은 시상 분야도 아주 촘촘하게 나뉘어 있다. 수상

기관이 많을수록 수익이 늘어나니, 분야를 쪼개고 쪼개서 돈벌이로 이용하는 것이다. '한국소비자만족지수 1위'라는 브랜드대상은 무려 321개의 업체를 선정해 시상을 했다.

이렇듯 브랜드대상이 넘쳐나면서 웬만한 브랜드는 모두 우수 브랜드로 이미 선정되었거나 선정될 예정(?)이다. 나온 지 서너 달밖에 안 된 브랜드도 돈만 내면 상을 받을 수 있다. 한 해 동안 각종 브랜드대상을 수상하는 업체는 시상식마다 적게는 9.3개에서 82.2개까지 이르는 것으로 나타났다. 일간지 주최 시상식의 수상 업체 평균은 37.5개. 이쯤 되면 브랜드대상 남발을 넘어 홍수라고 표현할 만하다.

브랜드 대상은 정부도 후원한다?

민간이 주최, 주관하는 브랜드대상에서 일반적으로 정부 부처는 '○○부 후원'이라는 명칭 사용을 승인하는 형태로 참여한다. 산업통상자원부와 함께 국가브랜드대상 후원자로 이름을 올린 농림축산식품부 관계자는 "명칭만 후원해주는 것이지 수상자를 평가하고 선정하는 데까지 (우리가) 관여하지는 않는다"고 밝혔다. 정부 기관의 후원을 명시하는 것은 그다지 어려운 일이 아니기 때문에, 이 같은 정부 기관 후원을 그 상을 신뢰하는 근거로 삼기보다 스스로 꼼꼼히 따져보는 자세가 필요하다.

"정부 기관이 사기업들이 영리를 추구하는 장사에 너무 쉽게 자신들의 권위를 빌려주고 있습니다. 좋게 말하면 이용당하는 것인데, 이런 것들이 악용될 수 있죠. 우리 정부의 공신력 있는 이름, 권위가 악용될 수도 있어요. 그런 점에서 결단이 필요합니다."

_김언경, 민주언론시민연합 사무처장

국민의 알 권리를 충족시키고 사회여론을 주도하는 주요 일간지와 경제지들이 돈벌이를 위해 상을 남발하는 것은 결코 바람직하지 않다. 신뢰도도 점차 떨어질 것이다. 더 큰 문제는 그 상들이 지자체와 기업, 언론사에게는 이익이 될 수 있지만, 정작 소비자는 아무것도 모른 채 피해를 입을 수 있다는 것이다.

기업이 '상값'을 자랑하는 동안 '김용균'은 죽었다.

한국서부발전 태안화력발전소 하청업체에서 계약직으로 근무하던 스물네 살 청년 김용균 씨. 2018년 12월 11일, 어두컴컴한 발전소에서 홀로 작업하다 숨진 김 씨의 죽음은 우리 사회에 큰 충격을 주었다. 무엇보다 꿈 많던 청년이 안전수칙 하나 제대로 지켜지지 않는 노동 현장에서 외로이 죽어갈 수밖에 없는 현실에 사람들은 분노했다.

그런데, 2019년 경제정의실천시민연합은 놀라운 자료를 하나 발표했다. 김 씨가 협력업체 직원으로 있었던 한국서부발전이 홍보비 명목으로 6천만 원을 내고 민간업체로부터 3년 연속 안전 관련 상을 받았다는 것이다. 서부발전은 한국경영인증원에서 주관한 '글로벌 스탠더드 경영대상' 시상식에서 안전경영대상을 수상하면서, 홍보비 명목으로 첫해인 2016년에 3000만 원, 2017년과 2018년에는 각각 2500만 원과 500만 원을 지급했다.

이렇게 3년 연속 서부발전이 안전경영대상을 수상하는 동안 정작 노동자의 안전은 뒤로 밀려났다. 인건비 절감을 위해 2인 1조 근무 원칙을 지키지 않아 김 씨의 사고에 제때 대처하지 못했고, 김 씨의 시신마저 뒤늦게 발견할 수밖에 없었다.

경실련 관계자는 "서부발전은 김용균 씨 참사에서 보듯 안전불감증이 가장 심각한 기관 중 한 곳"이라며 "이런 기관이 거액의 예산으로 상을 받은 것은 기관장의 경영성과를 포장하기 위한 것"이라고 지적했다. 3년 연속 안전경영대상을 받은 기업이 '상값'을 자랑하는 동안, 한 청년은 생을 마감해야 했다. 근거 없이 거래된 상 장사로 누군가는 엄청난 피해를 볼 수 있다는 사실을 언론은 깊이 새겨야 한다.

기사를 가장한 광고, 신문법 이야기

'기사형 광고'는 언뜻 신문기사처럼 보이는, 기사 형식을 '빌린' 광고를 말한다. 기사형 광고가 편집 기준을 준수하고 있는지 심의하는 기관은 '한국자율광고 심의기구'이고, 그 내부에 '기사형 광고심의 위원회'가 구성되어 있다.

신문법에는 '독자가 기사와 광고를 혼동하지 않도록 명확히 명시해야 한다. 광고라는 명시 없이 기사형 광고의 특집, 신상품 소개, 협찬, 소비자 정보, 스폰서 특집, 프로모션 등과 같이 기사로 오인할 수 있는 것은 표시해서는 안 된다'고 나와 있다. 꼭 '광고'라고 명시해야 한다는 것이다. 하지만 브랜드대상의 홍보성 기사는 모두 광고가 아닌 기사의 외형을 띠고 있다. 일반 독자는 이것이 광고인지 보도인지 구분하기 어려운데, 이렇듯 기사와 광고를 분별하지 못한다면 소비자들은 큰 피해를 볼 수 있다.

문제는 홍보성 기사가 아무리 많아도 특별한 제재가 없다는 것이다. 주의나 경고 등의 징계가 나오기는 하지만, 그 실효성은 거의 없다. 그저 심의를 하고 있다는 것에 의의를 두어야 하는 수준이다. 과거 신문 관련법에는 처벌 조항이 있었다. 광고임을 명시하지 않을 경우 2천만 원의 과태료를 부과하는 것이었다. 그런데 이 조항이 이명박 정부 때인 2009년에 폐지됐다. 심의 규정을 어긴다고 해도 그걸로 끝이다. 자율심

의인 데다 실효성 있는 처벌 방안이 없다 보니 심의 위반이 반복되는 것이다.

더불어민주당 김병욱 의원은 "주의 100번 받아도 아무런 제재가 없다는 게 말이 되나. 2천만 원 이하의 과태료라도 물게 하자"며 법안을 내놓기도 했다.

누가 보아도 기사와 광고로 구분하지 못하게 만들었다면 제재한다는 기본 원칙을 다시 정해야 한다. 그 원칙들을 제대로 지키고 있는지 잘 따져보고, 지켜지지 않는다면 분명한 제재를 가할 필요가 있다. 그건 표현의 자유를 억압하는 것이 아니다.

언론의 생명은 '신뢰'다. 언론사의 브랜드대상은 실상 언론에 대한 신뢰를 파는 비즈니스라고 할 수 있다. 이러한 상 장사가 계속된다면 국민의 언론 신뢰도는 더욱 떨어질 것이고, 결국 언론의 생명은 끝날 것이다. 지금부터라도 등 돌린 독자들에게 신뢰를 얻기 위해 어떤 방법을 취해야 할지, 언론 스스로 심각하게 고민할 때다.

FAKE NEWS

PART3. 🔍

FAKE NEWS

정파성과 가짜뉴스

01

손석희 협박 사건의 진실, "거대한 허풍, 허무한 종말"

손석희 jtbc 사장에 대한 김웅 프리랜서 기자의 협박극은 김 기자가 징역형을 받으면서 허무하게 끝이 났다. 김웅 기자를 이용해 손석희 사장을 음해하는 가짜뉴스를 양산했던 일부 지상파와 종합편성채널 뉴스들은 김웅 기자의 구속과 이후 밝혀진 진실에 한 마디 설명도, 사과도 없었다. 경쟁자에 대해 가차 없는 가짜뉴스를 내보내고 사과하지 않는 언론이 과연 언론이라 말할 수 있는가?

2019년 1월, 새해에도 사람들은 여전히 〈jtbc 뉴스룸〉을 통해 세상을 보고 있었다. 손석희 jtbc 사장이 앵커인 이 뉴스는 이른바 최순실 태블릿 PC 보도 이후 압도적인 여론 영향력을 가지고 있었다. 손 사장이 매년 1월 초 진행하는 신년특집 토론은 토론 프로그램임에도 10%에 가까운 경이적인 시청률을 기록했다. 2019년 1월에도 '한국경제 어디로 가나'라는 제목으로 신년토론을 진행했고, 시청자들은 2019년 한 해의 경제 상황을 그 토론을 통해 가늠했다. 그리고 3주 후……

수많은 시청자들은 jtbc가 아닌 다른 뉴스 채널들에서 놀랄 만한 상황을 목격했다. 뉴스에 등장하는 인물은 바로 손석희 jtbc 사장이었다. 익숙한 앵커석이 아니라 휴대전화 속 세로화면에 등장하는 그는 이질감이 느껴질 정도였다. 그 화면을 찍은 이는 프리랜서 기자인 김웅. 화면 속에서 손 사장은 어두운 거리에서 누군가와 대화를 하고 있었는데, 무척 당황한 모습이었다. 그런데 대화 내용은 더욱 충격적이었다.

김웅 기자　　　선배님, 저 오늘 폭행하셨죠?
손석희 사장　　　야, 그런 얘기 말고……

김웅 기자는 손석희 사장을 폭행 혐의로, 손 사장은 김 기자를 협박미수 혐의로 각각 고발했다.

김웅 기자는 화면을 찍은 그날 서울 마포경찰서 산하 상암파출소를 찾아가 손석희 jtbc 사장이 자신을 폭행했다며 고소했다. 고소가 접수되었다는 사실이 경찰 출입기자들 사이에 알려졌고, 2019년 1월 24일 속보가 떴다. 김웅 기자는 휴대전화 촬영 장면과 손 사장과 나눈 일부

텔레그램 대화 내용을 몇몇 언론매체에 뿌렸다. 프리랜서 기자와 거대 방송사 사장 간에 벌어진 이 사건에 대해 조선일보와 TV조선, 동아일보와 채널A, SBS 등 경쟁 언론사들은 기사를 쏟아냈다. 또한 수십만 구독자를 둔 극우 유튜버들은 순식간에 '손석희 의혹'이라며 동영상을 만들었다. 그렇다. 그들은 뉴스를 '만들어' 쏟아냈다.

그렇게 사건이 알려진 당일, 손석희 사장은 자신이 진행하는 〈jtbc 뉴스룸〉 클로징 멘트로 "오늘 저에 대한 기사로 많이 놀라셨을 줄로 압니다. 저로선 드릴 말씀이 많으나 사실과 주장은 엄연히 다르다는 말씀만 드리겠습니다. 사법 당국에서 모든 것을 밝혀주리라고 믿고……"라며 입장을 밝혔다.

당시 김웅 기자와 언론들이 퍼뜨린 핵심 의혹은 손 사장과 김웅 기자 간의 법적 다툼, 즉 손 사장은 김 기자에게 협박을 당했고, 김 기자는 손 사장에게 폭행당했다는 쌍방고소 그 자체가 아니었다. 언론은 쌍방고소에 이르게 된 경위 가운데 "손 사장이 2017년 10월 뺑소니 사고를 냈는데, 뺑소니를 친 이유가 '동승자'가 있었기 때문이고, 그 의혹을 덮기 위해 김웅 기자와 부적절한 거래를 하려다 폭행을 했다는 것"이라는 루머에 집착했다. 물론 그 루머의 출처는 김웅 기자였다. '쌍방고소 이해당사자인 김웅 기자가 만든 루머'였지만 언론들에게는 그런 '사실'이 중요한 게 아니었다. 김웅 기자의 입에서 나온 손석희에 대한 루머를 확대 재생산하는 수많은 기사에 의해, 한국에서 가장 신뢰받는 언론인은 거의 파렴치한 수준으로 전락했다.

손석희 사건 관련 의혹을 제기하는 영상들

그렇게 한 달 가까운 시간이 흐른 2019년 2월, 손석희 사장은 마포경찰서에 출두했다.

기자단 대표 기자	폭행, 배임 혐의, 모든 혐의를 전면 부인하시는 겁니까?
손석희 사장	사실이 곧 밝혀지겠죠.
기자	그 증거 관련해서…… 어……
손석희 사장	질문하세요.
기자	그…… 증거 관련해서……
손석희 사장	다 제출했습니다.

당시 경찰에 출두한 손석희 사장과 기자와의 대화에서 이 사건의 본질이 엿보인다. 이 사건에서 증거라는 것은 처음부터 존재하지 않았다. 결국 범법자로 밝혀진 김웅의 일방적인 주장, 언론이 만들어낸 상상에

기초한 의혹 제기, 애초에 증거를 찾거나 밝힐 생각이 없던 기자들은 손 사장 앞에서 그 어떤 증거도 들이대지 못하고 그야말로 '어버버'했다.

법원에서 밝혀진 진실

　1년 6개월 후인 2020년 9월 14일. 장소는 서울서부지방법원 형사항소 1-2부. 협박 및 강요미수죄로 1심에서 법정 구속된 김웅 기자에 대한 항소심 공판이 열렸다. 1심은 김 씨에 대해 손석희 jtbc 사장에게 채용과 금품을 요구했다고 인정했고 실형을 선고했다. 항소심에서 김 씨는 "손 사장이 원하는 방법으로 피해가 구제될 수 있도록 최선의 노력을 다하겠다"며 "진심으로 사죄드린다"라고 말했지만, 법원은 그의 사과가 믿을 수 없다며 1심 결과를 인정하고 보석신청도 기각시켰다. 1, 2심에서 법원은 공히 김웅의 범죄행위를 확실하게 인정했고, 대법원은 2020년 12월 김웅의 실형을 확정했다.

　김웅 기자가 실형을 받게 된 혐의를 요약하면 다음과 같다. 먼저 그는 2017년 경기도 과천에서 일어난 접촉사고를 기사화하겠다며 손석희 jtbc 사장에게 접근했다. 그는 그 사건이 뺑소니이고, 뺑소니 이유는 사건 당시 동승자가 있었기 때문이라며 손 사장을 협박했다. 그리고 이것을 기사화하지 않는 조건으로 jtbc 채용과 2억 4천만 원의 금품을 요구했다는 것이었다. 검찰의 기소 사실에 대해 법원은 거의 다 인정을 했고, 1심 법원은 죄질이 나빠 보인다며 법정 구속을 했다. 검찰의 기소, 그리고 법원의 판단은 일관된다. 한마디로 손석희 사장은 피해자이고 김웅은 범죄자다. 그것도 죄질이 나쁜 협박범. 그러나 사건이 불거지고 1년 후인 2020년 1월에 손석희 사장은 7년간 지켜왔던 〈jtbc 뉴스룸〉의 앵커석에서 물러났다.

누가 손석희를 두려워했나?

손석희 사건 관련 보도는 누가 집중적으로 했을까? 2019년 1월 24일에서 2월 5일까지 포털사이트 네이버에 송고된 10대 일간지 손석희 관련 보도량을 보면 조선일보와 동아일보가 각각 31건이었고, 한겨레가 4건으로 가장 적었다(중앙일보는 jtbc와 같은 그룹이기 때문에 분석에서 제외). 같은 기간 8개 방송사의 저녁 종합뉴스에서 손석희 관련 의혹 보도 건수를 살펴보면 KBS, MBC는 각 1건인데, 당시 jtbc와 국방부 위수령 관련 보도로 날이 서 있었던 SBS는 견인차 기사의 녹취록이 담긴 7분이 넘는 뉴스 2건을 보도했다. 역시 jtbc와 종편 시장에서 치열한 경쟁을 벌이는 TV조선과 채널A도 많은 보도량을 쏟아냈다. TV조선 13건, 채널A 14건이었다. (당시 민주언론시민연합 김언경 사무처장 분석 참조)

한국에서 가장 영향력 있는 언론인은 이러한 무차별적 보도에 속수무책이었다. 2019년 1월 24일 손석희 사장이 〈뉴스룸〉 클로징 멘트로 했던 1분도 채 되지 않는 짧은 입장 발표, 최소한의 방어권조차도 조선일보 등은 부적절하다고 비판 기사를 실을 정도였다(고 장자연 씨 성폭행 사건에 대한 조선일보의 전사적인 사주 구하기 작전에 비할까).

사건 발생 후 사법 당국에 의해 김웅 기자가 협박범으로 실형을 선고받고 손석희 사장은 명백하게 피해자로 밝혀져 있는 상황에서, 이런 한국 언론의 태도를 무엇이라고 부를 수 있는가? 이 언론들을 언론이라고 부를 수는 있나? 무엇보다 그 실체가 불분명한 어느 프리랜서 기자의 자작극을 현장 중계하고 그의 발언 하나하나에 의미를 부여하며 기사를 쏟아냈던 언론들은 자작극이 증명된 현재 침묵하고 있다. '손석희 죽이기 사건'이라고 불릴 만한 이번 사례는 한국 언론이 "진실 따위는 중요하지 않다"고 선언한 사건에 다름 아니다.

왜 손석희 사장은 표적이 되었나?

봉준호 감독은 2017년 넷플릭스 영화 〈옥자〉의 개봉 즈음에 〈jtbc 뉴스룸〉에 출연했다. 인터뷰이였던 봉 감독은 인터뷰 말미에 돌연 "초대 손님도 질문 하나 해도 되냐"고 하더니, "2016년 10월 24일 7시 59분에 어떤 심정이셨냐"라고 물었다. 손 앵커는 "아무 생각 없었다. 단지 준비한 것을 보도해야 한다는 것 이외에는 다른 생각이 없었다"고 답했다. 이어 봉 감독은 "그 방송을 라이브로 봤는데 짜릿한 순간이었다"라고 말했고, 손 앵커는 겸연쩍게 웃었다. 둘은 "고맙습니다"라고 인사를 나눈 뒤 인터뷰를 마무리했다.

손석희 jtbc 사장이 피해자인 '김웅 협박 사건'의 배경에는 2016년 10월 jtbc가 밝힌 '최순실 태블릿'과 최순실-박근혜 국정농단 사건이 있다. 손석희 앵커는 2016년 10월 이후 최순실 국정농단 사건과 거대한 촛불 항쟁, 박근혜 대통령 탄핵과 새로운 정부의 탄생으로 이어지는 상황에서 항상 중심에 있었다. 공영방송 MBC에서 〈시선집중〉과 〈100분 토론〉을 진행하며 한국에서 가장 영향력이 큰 언론인이 된 그는 쫓겨나듯 MBC에서 나왔고, 보수의 한 축이었던 중앙미디어그룹에 영입되었다. 그에 의해 jtbc는 역사에 남는 특종을 보도했고, 가장 신뢰도 높은 언론사가 되었다.

혁명 이후에는 반혁명적 상황이 뒤따랐다. 박근혜 대통령이 탄핵되고 이어진 수사로 구속되면서 극우 성향의 이른바 '태극기 세력'이 결집했다. 그들은 가장 먼저 탄핵의 스모킹 건이었던 최순실 태블릿 PC를 부정했고, 스모킹 건을 보도한 손석희 사장을 겨냥했다. 매일 상암동 jtbc 사옥 앞에는 수백 명이 모여 집회와 시위를 했다. 매주 1만 명이 넘는 인파가 서울역에 집결해 손석희 사장과 태블릿 PC 보도를 부정했다. 조선일보의 자매지인 '월간조선' 등은 음모론을 부각시켰다. 보수 일각에서 손석희 사장은 부정해야 하는 존재였다.

변희재가 쓴 『손석희의 저주』

사실 손석희의 jtbc는 한국 언론지형 자체를 완전히 변화시켰다. jtbc는 단숨에 한국에서 가장 영향력 있는 언론사가 되었는데, 다른 언론사와의 격차가 압도적이었다. 절반이 넘는 사람들이 jtbc 뉴스를 가장 신뢰한다고 말하는 데 주저하지 않았다. 당연히 조선, 동아 등 기존 보수 언론집단은 jtbc의 영향력에 큰 위협을 느끼고 있었다. KBS, MBC 등 공영방송사가 2017년 박근혜 대통령 탄핵 이후에도 파업을 전전하며 파행을 겪는 가운데, 지상파방송사인 SBS가 겨우 jtbc와 시청률 면에서 경쟁하고 있었지만, 영향력에서는 고전을 면치 못했다. 손석희 사장과 jtbc는 언론계 전체에서 압도적 1위였고, 공적公敵인 셈이었다.

문제의 시작, '접촉사고'

이런 상황에서 2017년 10월, 사소한 교통사고가 발생했다. 수리비로 현금 150만 원이 오가고 끝난 이 사소한 사건이 손 사장을 둘러싼 복잡한 구조 속에서 폭탄이 되었다.

손석희 jtbc 사장은 2017년 10월 어느 일요일 저녁, 과천시의 한 교회 앞 공터에 잠시 주차를 했다. 일요일이라 손수 차를 몰고 모친을 지인 댁에 모셔다드리고 귀가하던 길이었다. 요의를 느껴 화장실을 찾던 그는 그곳에서 잠시 머무르다 다시 운전을 시작했다. 그렇게 과천 지역을 빠져나오던 중, 견인차 두 대가 자신을 쫓아오고 있다는 사실을 알게 되었다. 차를 멈추자 그중 한 대의 견인차 기사가 다가왔고, 손 사장은 창문을 열었다. 대한민국에서 가장 유명한 앵커를 대면한 견인차 기사는 대뜸 손 사장이 몰던 차가 교회 앞 공터에서 후진하던 중 자신의 차를 받았다고 주장했다. 손 사장은 자신이 사고를 냈다는 사실을 인지하지 못한 상태였지만, 막무가내로 사고를 주장하는 그 기사와 시간을 오래 끌 수는 없었다. 서로의 연락처를 주고받고 수리비가 나오면 청구하라고 합의한 후 차에 올랐다. 다음 날 견인차 기사는 150만 원이라는 수리비를 청구했다. 도저히 납득할 수 없는 금액이었지만, 자신의 신분이 노출된 상태에서 이 경미한 교통사고를 굳이 키울 수는 없는 상황이었다. 손 사장은 그 견인차 기사에게 150만 원을 송금했고, 그걸로 모든 일은 일단락되는 듯했다.

김웅의 접근

김웅 기자는 KBS 출신의 프리랜서 기자였다. 그는 다소 불미스러운 사건 때문에 KBS에서 물러났고, 이후 프리랜서 신분으로 근근이 기사를 쓰고 있었다. 그는 2017년에 발생한 견인차 기사와 손석희 사장 간의 교통사고를 어떻게 인지했을까?

김웅이 협박미수죄로 실형을 받은 1심 판결문에 따르면, 김웅은 교통사고가 발생한 지 10개월이 넘은 시점인 2018년 8월경, 한 후배 기자로부터 이런 이야기를 들었다.

"선배한테 들은 이야기인데요, 그 선배가 차를 고치러 갔다가 기자라고 하니까 이런 이야기를 해줬대요. 약 1년 전 과천의 공터에서 어떤 차가 뺑소니를 치고 갔고 딱 잡았는데, 내렸더니 손석희였고 차에 젊은 여자가 앉아 있더래요. 합의금 150만 원에 통치자고 했는데 계좌에 들어온 돈을 보니 jtbc에서 보내줬더래요."

전언에 전언뿐이지만, 중심인물이 손석희 사장이었다. 김웅은 예전에 몇몇 취재를 통해 친분이 있었던 손 사장에게 연락했다. 그는 처음부터 '동승자 프레임'으로 손 사장에게 접근했다. 과천, 야심한 시각, 뺑소니를 주장하는 견인차 기사를 엮어 '당시 손 사장은 동승자를 태웠고, 동승 여부를 감추기 위해 뺑소니를 치다가 견인차 기사에게 걸렸다'고 주장한 것이다. 김웅은 이 프레임을 활용해 손석희 사장을 시종일관 협박했고 정규직과 돈을 요구했다. 손 사장은 차일피일 시간을 미루며 김웅이 기사를 쓰지 못하도록 움직였지만, 회사에 손해를 끼칠 만한 행동을 할 수는 없는 노릇이었다.

그렇게 시간이 지나고 문제의 1월, 결국 아무것도 얻을 수 없었던 김웅은 손 사장이 자신의 얼굴을 툭툭 쳤다면서 그를 고소했고, 자신이 가지고 있던 자작극의 일부 내용(손석희 사장과의 텔레그램 화면)을 언론에 공개하면서 여론전에 돌입했다.

여기서 하나의 의문이 든다. 결과적으로 완전히 날조였던 김웅 기자의 이 프레임에 왜 손 사장은 넘어갔을까? 그 답은 김웅 기자의 원맨쇼에 거의 모든 언론이 춤을 추었던 2019년 1월 이후 상황을 대입해보면 짐작할 수 있을 것이다. 손석희 사장은 법정 증언을 통해 밝힌 바 있는데, 요컨대 "김웅 기자가 만들어내는 사실 아닌 거짓이 자신을 둘러싼 정치 언론 환경에 때문에 분명히 손을 쓸 수 없을 정도로 퍼질 것을 우려했다"는 것이다. 당시 손석희 사장의 판단에는 많은 논란이 있을 수 있고 비판받을 지점도 있을 것이다. 하지만 분명한 것은 손 사장이 예상한 것처럼, 아니 그보다 훨씬 더한 정도로, 김웅 기자의 조작 프레임이 기성 언론과 극우 뉴미디어 활동가들(유튜버들)을 통해 엄청난 속도로 퍼져 나갔다는 점이다.

거짓을 타고 퍼지는 소문과 사실

1) 폭행 논란은 왜 일어난 것일까?

먼저 사건이 알려졌던 2019년 1월부터 살펴보자. 김웅과 손 사장과의 관계가 처음으로 등장하게 된 것은 이른바 폭행 사건이었다. 마포구 소재 상암파출소에서 김웅은 손 사장에게 맞았다며 손 사장을 폭행으로 고소했다. 김웅이 주장한 폭행 장소는 상암파출소 바로 앞에 있는 어느 이자카야였다. 그날 손석희 사장과 김웅이 그 술집에 있었던 것은 사실이다. 김웅은 술집에서 나오자마자 갑자기 카메라를 들이대고 손 사장을 찍기 시작하면서 "선배님, 저 때리셨죠"라며 대화를 시도한다. 과연 김웅의 말은 얼마나 사실일까?

이자카야를 직접 찾아가 사장을 만나보았다. 그는 그날의 일을 상당히 정확하게 기억하고 있었다.

"이 방이고요, 여기가 손석희 대표 자리이고 이쪽에 (김웅) 기자가 앉아 있었고요. (중략) 큰 소리가 들렸으면 저희 직원이 알아차렸을 텐데 그런 것도 없었고 저희는 본 게 없어요. (얼굴에 상처 같은 것도) 전혀 없었어요."

물론 이 진술로 손 사장의 혐의가 완벽하게 사라지는 것은 아니다. 실제로 손 사장이 김웅의 얼굴을 몇 차례 툭툭 쳤다는 혐의는 인정되어 손 사장은 100만 원으로 약식 기소되었다. 놀라운 사실은 그 문제의 장소, 폭행 장소는 조금만 노력하면 다 알 수 있는 곳이고, 이자카야 사장 역시 취재에 거부감이 없었는데, 〈당신이 믿었던 페이크〉 제작진 외에 그 어떤 언론도 폭행 사실을 확인하지 않았다는 것이다. 당시 언론이 얼마나 무책임했는지는 이제부터 시작이다.

2) 주차장 사건의 진실은?

김웅의 손석희 협박 사건에서 가장 중요한 계기는 2017년에 일어난 이른바 '주차장 사건'이었다. 언론들은 김웅 기자의 말을 빌려 "과천 주차장에서 여성과 함께 있었던 사실을 들키지 않기 위해 뺑소니를 쳤다"는 프레임을 반복적으로 전파했다. 이 프레임을 강화한 가장 결정적인 장면은 주차장 사건의 당사자인 견인차 기사와 손석희 사장과의 통화 내용이었다. 이 주차장 사건에서는 김웅 본인도 당사자가 아니었기에 각종 추측만 난무하는 상황이었는데, 손석희 사장과 견인차 기사와의 통화 내용이 알려지게 된 것이다.

당시 지상파 뉴스 가운데 KBS와 MBC는 확실한 팩트가 없는 상황에서 주차장 사건이나 동승자 논란을 다루지 않았고, 다만 김웅의 손석희 사장 고소에 대해서만 접근을 하고 있었다. 지상파 뉴스 가운데서는 SBS가 처음으로 〈SBS 8뉴스〉를 통해 7분여간 견인차 기사와 손석희 사장과의 통화 내용을 보도했는데, 이 리포트는 '가차 저널리즘gotcha journalism'의 전형을 보여준다. 가차 저널리즘은 gotcha(I have got you)와 journalism을 결합한 학술 용어로, 언론 등에서 자신이 의도하는 쪽으로 내용을 유도하기 위해 편집하거나 순서를 바꾸는 등의 행동, 혹은 정치인 및 유명 인사의 사소한 말실수 등을 앞뒤 맥락과 관계없이 흥미 위주로 집중 보도하는 저널리즘 형태를 일컫는 말이다. 간단히 말해 꼬투리 잡기 혹은 악마의 편집이라고 보면 된다.

3) 악의적 편집의 예 – 〈SBS 8뉴스〉

기자 리포트   손석희 사장과 접촉사고 당사자가 통화한 내용을 입수했습니다. (중략) 손 사장이 피해자 A씨에게 전화를 걸었습니다. 손 사장은 A씨에게 간단히 안부를 물은 뒤 당시 사고 건으로 협박당하고 있다고 말합니다.

(손석희 사장)   "젊은 여자가 타고 있었더라, 뭐 이런 얘기를 했다고 저한테 협박을 해가지고, 그런 사실이 없었거든요."

기자 리포트   하지만 A씨 말은 다릅니다.

(피해자 A씨)   "우리 저기 손 사장님께서 아니다, 라고 그러시면 제가 뭐 드

릴 말씀은 없습니다. 그런데 제가 현장에서 여자분이 내리
는 거는 봤거든요."

기자 리포트　뭔가를 숨기기 위해 사고 현장을 떠난 것 아니냐는 의혹에
서 나오는 게 바로 동승자 탑승 여부입니다. A씨는 접촉사고
직전 누군가 있는 걸 봤다고 했지만, 손 사장은 시종일관 말
이 안 된다는 입장입니다.

　일반적인 시청자라면 이 뉴스를 보고 통화 내용의 핵심을 '주차장
사건의 당사자는 접촉사고 직전 동승한 여자를 봤다고 이야기하고, 손
석희 사장은 이를 부인하고 있다'라고 인식할 것이다. '아, 그러니까 손
사장은 동승자가 없었다고 하지만, 견인차 기사는 동승자를 봤구나'라
고 판단할 가능성이 매우 높은 것이다. 이 뉴스의 내용을 옮긴 대부분
의 언론 기사가 그런 식이었다.

> 손석희 "젊은 여자 있었다는데 사실 아니다" 견인차 운전자 "여자 내리는 것 봤다" 국민일보
> 손석희 통화녹음… 견인차 "여성 동승" vs. 손 대표 "없었다" 노컷뉴스
> 손석희 접촉사고 녹취록 공개… "동승자 봤다" vs. "그럴 리가 없다" 파이낸셜뉴스
> 견인차 기사 "차에서 내리는 여성 봤다", 손석희 사장 "거기서 내린 사람 없었다" 동아일보
> 손석희 접촉사고, 기사 "여자 내리는 것 봤다… 증거는 없어" 이데일리
> 손석희 견인차 기사 통화 녹취록 보니… "여자 내리는 거 봤다" 세계일보

　하지만 전체 통화 내용을 살펴보면 이런 식의 보도는 이른바 '절합
articulation'이었다. 절합은 문장이나 정보를 재배열해 사실을 재구성하
거나 정보를 왜곡하는 방법을 말한다. 견인차 기사의 "동승자 봤다"는

말은 통화 초반에 나온 일부 표현에 불과했고 맥락도 동승자를 봤다고 확신하는 내용이 아니었는데, 언론들은 이 문장을 확대해석해 사실을 왜곡한 것이다. 기사에 등장하지 않은 전체 통화 내용 중 일부를 살펴보자.

견인차 기사　제가 잘못 봤을 수도 있어요. 어두웠으니까. (중략) 그쪽에는 완전히 불빛이 하나도 없었거든요. (중략) 제가 착각했을 수도 있어요. (중략) 어두워서 정확히 기억이 안 나는데… (손석희 사장 반박 후) 네, 그럼 없나 보죠, 제가 잘못 봤을 수도 있죠, 그건.

손석희 사장이 법적인 문제를 거론하면서 이 상황에 대한 좀 더 정확한 사실을 요구하자, 견인차 기사는 뉴스에 등장한 처음의 진술, 즉 "제가 현장에서 여자분이 내리는 걸 봤거든요"라는 진술을 철회하고 있음을 할 수 있다. 8분여가 넘는 통화 내용 전체를 살펴보면 견인차 기사는 '잘못 봤을 수도', '어두워서', '착각'과 같은 말을 반복적으로 사용하고 있다.

손 사장과 견인차 기사의 통화를 통해 "견인차 기사가 동승자를 봤다"고 해석했던 〈SBS 8뉴스〉는 과연 얼마나 진실을 말하고 있는 것인가? 배상훈 범죄 프로파일러에게 견인차 기사와 손 사장 간의 통화 내용 전체를 주고 분석을 의뢰했다. 배상훈 프로파일러는 먼저 견인차 기사의 진술에 대해 이렇게 지적했다.

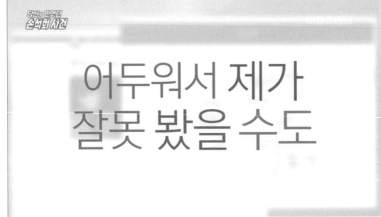

견인차 기사 진술 분석

"만약 동승자가 있었다고 하면 견인차 기사가 근거를 댔겠죠. (합의가) 끝난 다음
에 누군가에게 얘기를 했다거나 같이 따라간 다른 견인차 기사가 분명히 (동승자)
얘기를 들었겠죠."

상대가 손석희 사장인 상황에서, 주차장 사건을 목격한 사람이나 이

이야기를 견인차 기사에게 직접 들은 사람이 있다면 기억을 못할 리가 없다. 다행히도 주차장 사건에는 목격자가 있었다. 손석희 사장이 과천 주차장을 벗어나 길을 달릴 때 함께 쫓아갔던 동료 견인차 기사를 어렵게 수소문해서 만났다.

PD   동승자 얘기를 들은 적이 있으세요?

또 다른 목격자   (들은 적) 없어요. 못 봤다니까요. 없었어요. 동승자 보지
                 도 못했어요. 그거 모른다고요.

사고를 당한 견인차 기사는 손석희 사장에게 수리비 150만 원을 청구했다. 수리를 했던 카센터를 찾았다.

"(견인차 기사와) 아는 사람에게 (동승자) 있지 않았냐 물었더니 없었다고 이야기를 하더라고."

_직원 A, 과천 ○○카센터

"과천에는 견인하는 데가 별로 없거든요. 이런 소식이 들리면 바로 와서 이야기하거든요. '손석희 씨가 뺑소니 사고를 냈다', '동승자가 있었다' 그런 얘기를 들어본 적이 없어요."

_직원 B, 과천 ○○카센터

여러 정황상 그날 사고가 난 것은 사실이지만, 사고 당시 손석희 사장 차 안에 동승자가 있었다거나 동승자가 젊은 여성이라는 그 어떤 이

야기도 하지 않았다. 배상훈 프로파일러는 "손석희 사장이 사고를 낸 상황에서 동승자가 있었고 그 동승자가 만약 젊은 여성이었다면, 당연히 지인들에게 이야기했을 개연성이 높다. 만약 그러하지 않았다면 당시 그런 사실이 존재하지 않았을 가능성이 강하다"고 분석했다. 배상훈 프로파일러가 또 주목한 대화는 이 부분이었다.

견인차 기사　　제가 잘못 봤을 수도 있어요. 어두웠으니까 그쪽에는. 완전히 불빛이 하나도 없었거든요. 제가 착각했을 수도 있어요. 어두워서. (중략) 아직도 그런 나쁜 짓을 하고 다니는 사람들 있어요. 혼내주세요. 잘못된 건 걸러야죠.

배상훈 프로파일러는 "혼내주세요", "잘못된 건 걸러야죠"라는 견인차 기사의 마지막 말에 방점을 찍었다. 배 프로파일러는 특히 마지막 태도가 처음과 달라진 부분에 대해서 "명확하지 않은 것을 누군가에게 과장해서 말했다는 것을 (견인차 기사) 스스로 얘기하고 있는 거죠"라는 분석을 내놓았고, 그의 예상은 들어맞았다.

배 프로파일러가 이 통화 내용을 분석할 시점까지 동승자 여부에 대한 견인차 기사의 명확한 입장은 손 사장과 기사 사이의 녹취록이 전부였다. 견인차 기사는 결과적으로 뺑소니 사건과 동승자 논란에 대해 구체적인 증언을 해야 했는데, 그는 경찰 조사에서 "사고는 경미했고 동승자는 없었다"라고 밝혔다.

사실 이 견인차 기사와 손석희 대표와 통화 내용을 보도하는 데 가장 중요한 것은 이 통화가 이루어지게 된 동기다. 배상훈 프로파일러는 이렇게 이야기한다.

"손 사장이 견인차 기사한테 전화하게 된 동기가, 별것 아닌 어떤 사건을 누군가가 부풀려서 만들어내고 있기 때문에, 이 사람(견인차 기사)이 다른 곳에서 인터뷰를 하고 다닌다는 것을 알고 손석희 대표가 그러면 안 되시지 않느냐, 라고 얘기를 한 거잖아요. 그 맥락을 SBS도 알았을 텐데, 그 맥락을 빼놓고 그것만 (보도)하는 것은 아니지 않느냐, 그 얘기죠."

통화 맥락을 보면 견인차 기사가 '봤을 수도 있다'에서 '못 봤을 수도 있다'고 말을 달리했으니, 확실한 진실은 후자일 가능성이 크다. 행여 백번 양보해 진실을 알 수 없다 하더라도, 그 내용 중에 '봤을 수도 있다'는 진술과 이후 여러 번에 걸친 '못 봤을 수도 있다'는 진술이 함께 있다면, 언론에서는 불확실한 부분을 함께 보도했어야 했다. 하지만 이런 해석의 가능성조차 무시하고 오직 '동승자를 봤다'는 한 부분만을 강조해 '손 사장 잘 걸렸어'라는 식으로 보도한 저널리즘이 가짜 저널리즘이 아니고 무엇이겠는가? 보통 가짜뉴스는 일부 작은 사실만 이야기하고 더 큰 사실을 숨기는 방식으로 만들어진다.

허언을 사실로 둔갑시키는 언론

사실 위 견인차 기사와 손 사장의 통화 내용이 왜곡되었던 이유는 당시 대다수 언론이 '분명히 손 사장은 주차장 사건 때 동승자가 있었다'는 확증편향에 사로잡혀 있었기 때문이다. 당시 사건을 중계했던 모든 언론은 '손 사장과 젊은 여성이 어두운 밤에 함께 차를 타고 있었다'는 루머가 필요했을 뿐이다. 사건 초기부터 여러 언론을 통해 공개된 견인차 기사의 증언들은 사실이 아닌 것이 많았지만, 언론들은 알면서도 고의적으로 외면했다.

먼저 주요 언론에 보도된 주차장 접촉사고에 관한 견인차 기사의 주장을 살펴보자.

<TV조선 뉴스9> (2019. 1. 25.)
범퍼가 눈에 보일 정도로 우그러졌고 (차량) 라이트에 금이 갔다고 말합니다.

<SBS 8뉴스> (2019. 1. 30.)
"도망가듯이, 미친 듯이 갔어요."

채널A, <뉴스A> (2019. 1. 30.)
"그렇게 빨리 달릴 수도 없는 데인데, (시속) 100km 가까이 되는 것 같았어요."

견인차 기사는 범퍼와 라이트가 부서질 정도의 큰 사고였으며, 손석희 사장이 급하게 도망갔다고 증언했다.

<SBS 8뉴스> (2019. 1. 30.)

"그렇게 보닛, 트렁크를 쾅쾅 두들기는데 몰랐다고요?"

<TV조선 뉴스9> (2019. 1. 25.)
무전으로 도움을 요청해 동료 견인기사와 함께 따라붙었고, 결국 검은색 차는 1.5km 정도를 더 질주한 뒤 멈춰 섰다고 설명했습니다.

심지어 견인차 기사는 손석희 사장의 차를 중간에 두드려 세웠지만 그냥 갔다고 이야기한다. 사실 여부를 떠나 사건에 대한 이러한 일방적 묘사는 '뺑소니 사고가 있었고 뭔가를 감추려는 손 사장'이라는 프레임을 씌우고 있다.

채널A, <뉴스A> (2019. 1. 30.)
"자기는 도망간 게 아니래요. 자기는 술 안 먹었으니까 경찰 부르자 해서 음주 측정을 했는데 (술 마셨다는 결과는) 안 나왔습니다."

사고 당시에 음주 측정을 했다는 팩트가 등장했다. 경찰이 출동했고, 음주 측정까지 했다는 것이다. 이후 손 사장은 견인차 기사와 합의를 했고 다음 날 150만 원을 송금했다고 견인차 기사는 주장했다. 기사의 주장 가운데 경찰 출동과 음주 측정은 이 사고의 핵심을 파악할 수 있는 가장 중요한 단서 중 하나다. 과연 사실이었을까?

만약 견인차 기사의 말이 사실이라면 경찰에 당연히 출동기록과 음주 측정 기록이 있어야 할 것이다. 과천경찰서에 문의해보니 답은 황당했다.

"사고 당일 음주 측정 기록이 한 건 있는데, 손석희 대표 사고가 아니었다. 손 대표가 음주 측정했다는 이야기는 사실이 아니다. 손석희 대표를 봤으면 다 기억하고 있을 텐데, 근무일지상에 근무했던 직원들에게 물어보니까 아무도 기억하는 사람이 없다."

대한민국에서 가장 유명한 사람이 사고를 냈고 음주 측정을 했다는데, 관할 경찰서에는 기록도 없고 기억하는 사람도 없고, 그런 사실이 있는지도 몰랐다는 경찰. 게다가 경찰은 다소 황당한 이야기를 전했다.

"사실 음주 측정, 출동기록에 대해 몇몇 기자들에게 이야기를 해줬는데, 뉴스에는 나가지 않더라고요."

뺑소니, 동승자 논란 등 핵심 증언을 한 견인차 기사의 말이 사실이 아님을 이미 기자들은 알고 있었다는 것. 하지만 그들은 이 사실을 보도하지 않았다. 경찰서뿐이 아니었다. 김웅의 폭로 이후 기자들은 과천 지역을 샅샅이 훑고 다녔는데, 실제 사실을 이야기해도 기자들은 듣지 않았다고 한다. 사고 견인차를 수리한 카센터 직원의 이야기를 들어보자.

"조수석 앞에 범퍼가 떨어져 왔기에 나사 하나 박아준 것밖에 없어요. 그 부분이 약해요. 그 (견인)차들을 어떤 사람이 150만 원을 줘요? 누가 150만 원을 줘요, 그걸……"

직접 수리한 카센터 직원의 말로는 아주 가벼운 사고였다는 것이다. 큰 사고였다는 견인차 기사의 증언이 부정되는 말이기도 하다. 카센터 직원은 "MBN, TV조선, 채널A, 안 온 데 없어요. 다 왔어요. SBS에서도. 방송국은 윗사람들이 가서 뭘 좀 파오라고 한다면서요?"라고 말하며, 찾아온 여러 매체 기자들에게 그 이야기를 전했지만 방송에는 나가지 않았다고 증언했다.

매우 경미한 사고였다는 사실이 중요한 이유는 견인차 기사의 말에 신빙성이 없다는 것을 드러낼 뿐 아니라, 손 사장이 일부러 뺑소니를 친 것이 아니라 손 사장의 주장대로 실제 경미한 사고여서 인지하지 못했을 가능성이 높아지기 때문이다. 당시 언론은 이러한 가능성 역시 차단했다. 김웅 기자가 공개한 손 사장과 김웅 기자와의 통화 녹취를 보면 손 사장은 시종일관 경미한 사고여서 인지하지 못했다고 주장했다.

김웅　　　　　그런데 접촉사고 사실을 몰랐어요?

손석희 사장　　모를 수 있는 겁니다. 비포장 주차장이라서 울퉁불퉁해 알 수가 없어요.

이러한 상황에 대해 김복준 한국범죄학연구소 연구위원의 말은 명쾌하다.

"손석희 대표 본인도 출발할 때 주차장 주변이 비포장도로이기 때문에 울퉁불퉁해서 소음이 많다 보니까 자기가 후진하면서 추돌한 사실을 몰랐다고 얘기를 했고, 그 부분을 피해자라고 하는 견인차 기사도 인정했기 때문에 합의가 된 거 아니겠어요? 제가 범죄 예방 강의 많이 하거든요. 밤에 운전하고 있는데 누군가 와서 문을 열어달라고 두드리면 절대로 열어주면 안 된다, 오히려 (문을) 잠그고 왜 그러냐고 창문 조금 열고 물어보라고 가르쳐요."

"경찰 음주 측정이 있었다", "범퍼가 깨질 정도로 큰 교통사고였다", "뺑소니처럼 도망갔다"는 견인차 기사의 주장은 거짓이거나 신뢰할 만한 것이 아니었다. 하지만 당시 언론은 때로 사실 확인을 하고도 전혀 보도하지 않거나, 오히려 사실을 호도하는 데 앞장섰다.

견인차 기사의 말을 검증하지도 않고 사실로 간주한 이유는 견인차 기사의 말이 "동승자가 있었다"라는 거짓말을 더욱 강화시키기 때문이다. 사실 이 손석희 협박 사건의 키워드는 '동승자'였다. 한국에서 가장 신뢰도 높은 언론인을 도덕적으로 파탄시키기 위해 언론은 있지도 않은 동승자를 만들었다. 김웅의 폭로 이후 '손석희 동승자'라는 키워드로 뉴스를 검색해보면 두 달간 무려 1506건의 기사를 볼 수 있다. 언론들은 자신이 만들어낸 동승자 허상을 확인하기 위해 발악적인 행동을 하기도 했다.

모텔까지 뒤지고 다닌 기자들

당시 동승자 의혹을 확인하기 위해, "당시 손 사장은 분명히 동승자가 있었다"라는 확증편향을 증명하기 위해 기자들은 과천 지역을 샅샅이 훑고 다녔다. 경찰서, 카센터, 그리고 사고가 난 교회 주차장 주변에 거의 상주하다시피 했다. 하지만 동승자가 있었다는 증언을 확보할 수 없었던 기자들은 과천 지역에서 5킬로미터 떨어진 안양 인덕원까지 탐문 취재를 했다. 과천에는 없는 숙박업소가 그 지역에 몰려 있었기 때문이다.

> "네, 기자들이 왔었어요. 예전에 과천에서 일어났던 손석희 대표 일에 대해서 제보나 정보 아는 것 있냐고 물어봤어요. '이쪽하고 상관이 없잖아?' 그 생각 했거든요."
>
> _A 호텔 직원

> "손석희 실시간 검색어 1위 할 때 사고난 것에 대해 자세히 아느냐고 (물어봤어요), 여기까지 와서 굳이 그걸 물어볼 필요는 없는데 뭔 일인가 싶었죠. (손석희 대표 사고에 대해) 알고 있느냐고 해서 모른다니까 그냥 가더라고요."
>
> _B 호텔 직원

2020년 10월, 김웅에게 징역 6개월을 선고한 항소심 판결문에서 눈에 띄는 대목은 김웅의 협박이다. 김웅은 주차장 사건을 빌미로 손 사장에게 jtbc 채용을 요구했는데, 자신의 요구가 받아들여지지 않자 이렇게 이야기했다. "상왕의 목을 조선일보에 갖다 바치겠다."

실제로 사건이 벌어지자 조선일보와 TV조선이 가장 앞장섰다. 그 뒤를 채널A와 동아일보가 따랐다. 조선일보의 원로인 김광일 전 논설위원은 TV조선과 자신의 유튜브에서 집요하게 손석희 사장을 공격했다.

조선일보 기자 한 명은 손석희 사장이 과거 교수로 재직했던 성신여자대학교 동료 교수들에게 전화를 걸기도 했다.

> "조선일보 기자라고 그랬고요. 손석희 교수 재직 당시 미투 사건이 있었다는 제보를 받았는데, 여성 교수님으로서 어떻게 생각하시냐고 물어봤어요. '사실무근이다'라고 얘기를 하고 전화를 끊었습니다."
>
> _성신여대 A교수

> "막연하게 얘기를 한 거거든요. 마치 찔러보는 듯한……"
>
> _성신여대 B교수

> "그런 질문 자체를 처음 받아봤는데 8년 동안 저는 손석희 교수님 그런 미투 관련된 내용 들어본 바가 없습니다. 느낌이 딱 오죠. 뒷조사하는 모양이구나. 말도 안 되는 얘기를 하더라고요. '손 교수님 평소에 태도나 행동으로 봐선 전혀 있을 수 없는 일이다'(라고 밝혔습니다)."
>
> _성신여대 C교수

방송을 통해 최진봉 성공회대 교수가 밝혔듯이, 기자가 '넘겨짚어서' 취재를 진행했다면 취재가 아니라 손석희 대표를 흠집 내려는 의도로밖에 볼 수 없다. 그런 식의 태도를 보면 기자라기보다 남의 약점을 들춰내려는 흥신소 직원에 가깝다. 조선일보와 TV조선은 당시 자신들과 경쟁 관계에 있는 손석희 사장의 이미지를 나쁘게 만들기 위해 수단과 방법을 가리지 않았다. 과거 근무했던 직장 동료들에게 밑도 끝도 없이 미투 운동이 있었느냐 물어보는 행동은 사실상 형사상 있지도 않은 죄를 만들어버리는 무고와 다름없는 불법행위였다. 그것을 기자들이 자행한 것이다.

동승자 논란, 가짜뉴스 감염원은?

김웅 기자는 손석희 사장에게 접근할 때부터 동승자에 대해 언급하며 동승자 관련 가짜뉴스를 퍼뜨릴 것처럼 공갈했고, 자신의 요구가 받아들여지지 않자 언론에서 동승자 논란에 대해 끊임없이 설파해댔다. 경찰 진술서에는 "피해자들(견인차 기사)은 조수석에 젊은 여성이 동석하고 있었다고 주장하지만, 손 사장은 90세 넘은 자신의 어머니가 탑승하고 있었다고 주장합니다"라며 마치 자신이 피해자를 만난 것처럼 표현했으나, 사실이 아니었다.

판결문에 따르면 김웅 기자는 단 한 번도 견인차 기사와 접촉한 적이 없다. 김웅은 당시 '동승자가 있었다'라는 확인되지 않은 사실을 후배 기자에게 들었다고 진술했다. 그 후배 기자는 또 다른 기자에게, 그 기자는 사고 차량을 수리한 카센터에서 들었다고 한다. 그런데 카센터 사장은 취재진에게 "자신은 당시 사고 차량 기사로부터 동승자에 대한 이야기를 전혀 듣지 못했다"고 밝혔다. 김웅이 그 이야기를 전해 들었다고 한 후배 기자를 증인으로 신청했지만 출석하지 않았다. 실제로 그 후배 기자가 무엇을 들었는지는 밝혀지지 않았다.

사고가 난 견인차 기사 김모 씨와 함께 사고를 목격한 또 다른 견인차 기사 안모 씨는 경찰 진술에서 "동승자를 본 적이 없고, 다만 '왜 급하게 차량을 몰았지? 누구랑 같이 있었나'라고 둘이 낄낄거리며 농담을 했다"고 밝혔다.

김웅의 폭로에 날개를 달아준 것은 채널A였다. 채널A의 〈뉴스TOP 10〉은 2019년 1월 31일에 김웅 독점 인터뷰를 무려 1시간 동안 생중계했다.

앵커　　동승자 논란이 굉장히 중요한 팩트라고 말씀하셨어요.

김웅　　네, 동승자 여부, 동승자가 있었는지, 아니면 그 동승자가 누구인지, 동승자의 신원에 대해선 진술이 계속 바뀌었기 때문에 그 부분에 대해서 저도 초점을 맞출 수밖에 없었습니다.

이렇게 동승자 논란을 스스로 퍼뜨렸던 김웅은 견인차 기사가 동승자를 못 봤다고 경찰에 진술하자, 자신과 관계가 없다는 식으로 돌변했다.

"견인차 기사의 진술 번복과 김웅 기자의 사건과는 관련 없다고 생각합니다."

_임응수, 김웅 측 변호인

김웅의 발언에서는 일관성도, 증거도, 그 어떤 진실성도 발견할 수 없었다.

손석희 앵커의 하차, 가짜뉴스의 승리

손석희 사장이 과천에 간 이유는 단순했다. 손 사장은 변호인을 통해 "그날 모친을 모친 지인 집에 모셔다드리고 돌아오는 길이었다. (손 사장이) 예전에 과천에 살았고 모친이 과천에 있는 구세군교회를 다녔다. 길이 익숙해서 그쪽(접촉사고 현장)으로 가게 된 것이다"라고 밝혔다. 실제로 과천을 취재하면서 만나는 사람들로부터 쉽게 이런 말들을 들을 수 있었다.

> "손석희 대표가 여기 8단지 살았다는 것 같아. 과천 지리를 안다 이거지."
> "(손석희 대표 어머니의) 친구분들이 교회에 계속 다니고 계시거든요. 2, 3년 전까지만 해도 과천 시내에서 어르신들끼리 만나기도 하고 했었거든요."
> "예전에 (손석희) 어머니와 같은 교회를 다녀서 잘 아는 사람들인데, 이 지리를 잘 아니까 (차를) 세웠을 뿐인데 너무 과하게 보도가 나가더라고요."

하루만 과천 지역을 돌아다녀도 이런 말을 들을 수 있었는데, 당시 수십 명의 기자들은 듣지 못했을까? 음주 측정이 없었다는 경찰서, 경미한 사고였다는 카센터 직원, 손 사장이 예전에 과천에 살았고 그의 모친이 과천 소재 교회에 다녔다는 주민들 증언 등, 기자들은 이런 중요한 단서들을 듣고도 모른 척했다.

당시 있지도 않았던 '동승자 논란' 등 상상력을 곁들인 온갖 보도를 통해 손 사장을 도덕적으로 깎아내리던 언론들의 집요한 공격은 성공했다. 2019년 1월 김웅 기자와의 다툼이 처음 알려지고 딱 1년 후인 2020년 1월에 손석희 사장은 〈jtbc 뉴스룸〉 앵커 자리에서 물러났다. jtbc의 신뢰도는 아직 가장 높기는 하나 수치는 계속 하향세를 보이고 있고, 손석희 사장의 영향력도 마찬가지다. 시사주간지 '시사인' 조사에 의하면 2015년부터 5년 연속 '가장 신뢰하는 방송 프로그램' 1위에 꼽혔던 〈jtbc 뉴스룸〉은 2020년 1위 자리를 내주었다. 〈jtbc 뉴스룸〉은 박근혜·최순실 게이트 직후인 2017년 조사 당시 신뢰도가 24.7%까지 상승했지만, 해마다 지지세가 하락해 2020년에는 4.2%로 조사되었다. 시사인 조사에서 줄곧 1위를 차지했던 손석희 사장은 2020년에도 가장 신뢰받는 언론인으로 꼽히기는 했으나 그 비율은 예년만 못하다. 2017년만 해도 응답자의 40.5%가 손 사장을 가장 신뢰한다고 답했지만, 2019년 21.6%, 2020년에는 11.2%로 급격히 축소되고 있다. 손 사장이 김웅의 협박에 그토록 무기력했던 것처럼, 손석희 사장의 신뢰도는 가짜뉴스에 무력했다.

이 사건을 보면, 김웅 기자의 수준이 우리 언론의 수준이었다. 확인되지 않은 사실과 이른바 '뇌피셜'로 협박과 공갈을 행했던 김웅에게는 실형이 선고되었다. 그렇다면 우리 언론은 어떤 단죄를 받아야 하나?

02

일본 우익과
일본어판 조선일보의 커넥션

일본어판 조선일보에는 어떤 기사가 실려 있나?

2019년 5월, 트럼프 미국 대통령이 일본을 방문하기 며칠 전, 도쿄에 있는 아베 총리 관저 앞에서는 이상한 집회가 열리고 있었다. 트럼프와 아베 총리를 찬양하는 집회. 그런데 아베 총리와 트럼프 대통령 사진들 사이에 문재인 대통령을 비방하는 문구와 사진이 걸려 있었다. '문재인 대통령은 가짜 대통령'이라고 외치는 일본인들. 무슨 일이었을까? 집회 참가자들은 이렇게 말했다.

"문재인 대통령은 뿌리부터 공산주의자예요. 그리고 북한을 조국이라고 생각하고 한국 국민을 생각하지 않아요. 그래서 경제가 파탄이 나든지 말든지 상관하지 않는 거예요."

"좌익 세력이 이 문재인 대통령을 탄생시켰습니다. 공산주의자들의 책략입니다."

정파성과 가짜뉴스 ——— **107**

2019년 5월, 일본 도쿄 총리관저 앞에서 열린 집회

일본어로 듣는 "문재인은 공산주의자, 친북 대통령"이라는 말이 어색했다. 심지어 북한과 대한민국의 좌익 세력이 문재인 대통령을 탄생시켰다는 말까지 서슴없이 하는 일본인들.

2018년 이후 한국과 북한, 그리고 미국과 북한의 관계는 역사적인 전기를 만들어내고 있었다. 그런데 이상하다. 북한에 적대적인 일본인들 입장에서 봐도 트럼프와 문재인 대통령은 함께 북한을 세계 무대로 끌어들여 북미공동선언까지 이끌어낸 장본인들이었다. 오히려 미국 언론의 비판에도 북한 지도자 김정은을 높이 평가해온 트럼프 대통령이었다. 트럼프 대통령은 찬양하면서 문재인 대통령을 욕하는 이율배반. 일본인들은 왜 옆 나라 정상을 욕하고 있었을까?

"한마디로 문재인 정권은 반일정부입니다. 문죄인(罪人)입니다."

문재인 대통령을 '문죄인'이라고 하는 일본인들. 문죄인은 박근혜 대통령 탄핵을 무효라고 주장하는 극우적인 한국의 태극기 집회에서 쓰이는 비방이다. 박근혜 대통령은 억울하고, 오히려 죄인은 문재인 대통령이라는 뜻이다. 한국의 태극기 집회가 마치 일본으로 수출된 듯했다. 실제로 집회 참가자 중에는 재일 한국인들도 있었다. 한모 씨도 그중 한 명이었다.

> "친북, 친중, 반미, 반일 정책을 규탄하면서, 문재인 정부가 끌고 가는 정책이 너무나 적화일변으로 가고 있는 것을 직감하기 때문에(집회에 나왔다)······"

이들이 이런 정보들을 어떻게 접하는지 궁금했다. 한국 극우 유튜버들의 주장이 일본어로 번역되는 것일까? 한국에 대한 정보를 어떻게 얻는지 집회 참가자들에게 물었다.

> "일본판 조선일보를 읽습니다."
> "그 논조에 전면적으로 동의를 하죠."
> ("많이 보시나요?") "네, 네."

같은 시각, 총리관저에서 1킬로미터도 떨어지지 않은 일본 집권 자민당 건물 앞. 초로의 신사 니시무라 씨는 1인 시위를 하고 있었다. 그의 시위 주제는 한국과 일본 정부 사이에 가장 첨예한 쟁점 중 하나인 강제징용과 위안부 문제였다. 그는 강제징용도 위안부도 다 한국이 만들어낸 거짓 역사에 불과하기에 아베 정권에 여기에 굴복하면 안 된다고 외치고 있었다. 아직 일본 정부가 반도체 수출 보복을 단행하기 전이었던 시기, 공교롭게도 니시무라 씨는 수출 보복을 통해 한국에 경고해야 한다고 외치고 있었다.

"아베 정부와 일본은 한국에 굴복해서는 안 됩니다. 반도체 등 수출을 봉쇄하면 한국은 굴복할 것입니다."
"위안부들은 돈을 받기 위해 한 매춘 행위였습니다."

한국 대법원의 강제징용 배상 판결에 대해 경제 보복으로 맞서야 한다고 주장하는 니시무라 씨는 때때로 휴대전화를 통해 뉴스를 검색했다. 그가 주로 보는 야후 재팬에서 그날 즐겨 찾는 뉴스 순위에는 놀랍게도 일본어판 조선일보 기사가 올라 있었다. 일본어판 조선일보가 제공하는 뉴스가 일본 최대 포털사이트에서 상위에 랭크된 것이다.

일본어판 조선일보 기사를 읽는 니시무라 씨

　그 기사의 제목은 '반일로 한국을 망쳐 일본을 돕는 매국 문재인 정권'(박정훈 논설위원)이었다. 문재인 정부는 반일정부인데 반일은 일본을 오히려 돕는 행위이니 결국 나라를 팔아먹고 있다는 자극적인 제목이었다. 기사에 달린 수백 개의 댓글은 '좋아요' 일색이었다. 일본 우익 활동가인 니시무라 씨는 일본어판 조선일보를 높이 평가했다.

"(조선일보를) 한국과 일본의 외교관계에 문제가 발생했을 때는 반드시 보려고 하는데, (그 이유는) 조선일보는 매우 보수적이고 상식적인 견해를 보도하니까요."

실제로 니시무라 씨는 한일간의 이슈, 강제징용 문제, 위안부 갈등에 대한 한국 내 정보도 조선일보 일본어판에서 얻고 있었다.

"1965년 한일협정에서 결론이 났고, 조약으로 구제받지 못한 사람들의 문제는 한국 정부가 책임을 지고 대처해야만 합니다. 그래서 저는 (이런 주장을 하는) 조선일보를 높이 평가합니다. 상식적인 판단이라고 생각해요."

일본어판에 실린 '반일로 한국을 망쳐 일본을 돕는 매국 문재인 정권' 기사는 한국에서 발행되는 조선일보에서 찾을 수 있을까? 같은 제목의 칼럼은 찾을 수 없었다. 내용을 중심으로 살펴보니 2019년 4월 26일 조선일보에서 같은 내용의 칼럼을 찾을 수 있었다. 제목은 '어느 쪽이 친일이고, 무엇이 나라 망치는 매국인가'였다. 내용은 같았지만, 제목만 보면 일본어판 제목이 훨씬 더 선정적임을 알 수 있다. 적어도 한국에서 발간된 칼럼 제목에서는 문재인 정부를 '매국 정권, 반일 정권'이라고 구체적으로 적시하지는 않았다.

칼럼 내용 중에는 독립운동을 폄훼하고 민족을 비하하는 발언도 섞여 있었다. "우리는 스스로의 힘으로 독립을 쟁취하지 못했다. 남이 가져다준 독립이었기에 그것은 미완의 산물일 수밖에 없었다" 같은 표현

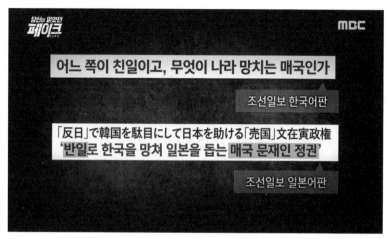

한국에서 발간된 조선일보 칼럼 제목과 일본어판 조선일보 제목 비교

이 등장했다. 이런 기사는 바로 일본의 극우 성향 국민들에게 합리적으로 다가왔다. 니시무라 씨는 "당시 한국이 군사적으로도 힘이 없었고, 약한 국가였다", "무조건 일본은 싫다는 식의 기사가 아니니까 역시 조선일보는 훌륭한 기사"라고 치켜세웠다. 과연 이런 논리가 역사적으로 어떤 의미가 있을까?

일본 우익을 전문적으로 연구하는 호사카 유지 세종대 교수는 이 칼럼에 대해 강하게 비판했다.

"한국 스스로 독립한 게 아니라는 일본의 논리를 그대로 실었다. 한국의 독립운동, 헌법에 나온 임시정부 계승 등을 부정하고 있다. 한국이 스스로 독립한 게 아니라는 건 일본 우파의 논리와 같다. 한국은 스스로 독립하지 못한 한심한 나라라고 생각해서 이른바 혐한 감정을 갖도록 만드는 게 일본 우파의 논리 구성인데, 왜 한국 보수신문에 이런 인식이 실리는지 놀랍다."

_호사카 유지, 세종대 교수

게다가 일본어판 조선일보는 한국어판 조선일보 기사에 달린 한국 독자들의 댓글까지 번역해 기사화하고 있었다. 이는 한국에서 발행되는 인터넷판에도 없는 그야말로 '노오력'이 드는 일이었는데, 조선일보는 그 노력을 마다하지 않았다.

강제징용 : 〈이낙연 총리 "일본 지도자는 반한 감정 이용" 문 대통령도 일본 비판〉 기사에 대한 한국 독자의 코멘트

"도둑이 뻔뻔한 데도 정도가 있다. 의도적으로 반일감정을 부추기는 놈들이 이보다 뻔뻔할 수 없다."

"반일, 반미, 친중, 종북이 너희들 주체사상파 빨갱이들의 DNA지?"

"문재인 정권의 대 일본 정책은 좌익정책에 지나지 않는다. 대한민국 국민 의사와는 대조적인 것이다."

문재인 정부가 아베 정권을 비판했다는 기사에 한국의 일부 독자들이 '반일 감정을 부추기고 있다', '반일, 반미, 친중, 종북이다'는 식의 댓글을 달았는데, 이를 친절하게 일본어로 번역해 마치 한국인의 일반 정서인 양 소개하는 기사인 것이다. 일본에서 오랫동안 언론인으로 활동해온 유재순 JP뉴스 대표는 이런 기사가 일본에서의 한국에 대한 여론 형성에 크나큰 악영향을 끼치고 있다고 해석했다.

"주체사상파 정부는 친중, 그리고 미국에 대해서는 반미, 반일 뭐 이렇게 한다는 건데, 글쎄요, 이렇게 단정적으로 (기사를) 쓴다는 것은 좀 무리한 표현인 것 같은데, 이것을 일본에 그대로 전달한다? 한국인으로서는 좀 곤혹스럽죠."

_유재순, JP뉴스 대표

심지어 문재인 대통령을 노골적으로 조롱하는 댓글들까지 조선일보 일본어판은 기사화했다.

칼럼 '문재인 대통령, 일본에 격노하기만 해서 되는가'에 대한 한국 독자 코멘트

"중국에서는 집단 폭행당하고 북한 돼지에게 벌벌 떨고 트럼프에게는 인간 취급 못 받고…"

"거리에서 〈태극기 들고 싸우겠다〉거나, 아니면 〈이민 가야 한다〉라고 하는 사람들이 늘고 있다고 한다."

유재순 대표는 이런 한국인들의 댓글을 그대로 소개하는 기사가 일본 우익들에게 카타르시스를 느끼게 한다고 분석했다.

"방송용으로 표현하기가 좀 그렇지만 배설물에 불과하다? 적어도 메이저 언론이라면 이런 댓글을 일본어로 저렇게 당당하게 번역해서 올리는 것은 한국인으로서는 도대체가 의문스러워요. 과연 이게 한국 언론 매체입니까?"

_유재순, JP뉴스 대표

아사이 신문, 요미우리 신문 등 일본 유력지들이 한국어판을 따로 만들지 않는 것에 비해, 조선일보가 일본어판을 발행하고 있다는 것은 무엇을 의미할까. 일본어판 조선일보는 일본 우익과 구체적으로 어떤 관계가 있을까? 조선일보 도쿄지국장을 지내고 현재 일본 참의원으로 활동하고 있는 백진훈 의원의 일본 국회 발언에서 그 의미를 찾아볼 수 있었다. 그는 조선일보 도쿄지국장 출신답게 문재인 정부를 힐난하는 데 조선일보를 주로 인용하고 있다.

> "한국 정부는 비열하고 비겁하다. 청구권협정 당시 정부가 대표해서 돈을 받아놓고 사법부를 통해서, 위자료로써 또다시 배상 청구를 하는 것이 옳은 가? 옳다고 말할 수 있는가? 거지처럼 일본에게 수십 년이나 구걸하는가?' 이것은 도대체 누가 썼는지, 투고했는지 아시겠습니까? 이것은 제가 출자한 신문사인 한국 조선일보 인터넷판에 한국 독자가 투고한 글입니다."
>
> **_백진훈, 일본 참의원**

조선일보에서 친절하게 일본어로 번역한, 문재인 정부에 대한 한국인의 비난 댓글을 주요 여론인 것처럼 기사화하고, 그것을 조선일보 도쿄지국장 출신 국회의원이 일본 국회에서 인용하는 현상을 어떻게 이해해야 할까.

제목 장사하는 일본어판 조선일보

일본어판 조선일보의 가장 큰 문제점 중 하나는 같은 내용의 기사라도 일본어판 제목을 좀 더 자극적으로 바꾼다는 점이다. 앞서 살펴본 것처럼 한국에서 '어느 쪽이 친일이고, 무엇이 나라 망치는 매국인가'라는 제목으로 나온 칼럼이 일본어판에는 '반일로 한국을 망치고 일본을 돕는 매국 문재인 정권'으로 제목이 바뀌어 실렸다. 가장 충격적인 제목은 당시 악화된 한일관계가 양국의 기업활동에도 영향을 주고 있다는 '일본의 한국 투자 1년새 −40%…"요즘 한국 기업과 접촉도 꺼려"라는 기사였다. 일본어판에서는 제목이 '한국은 무슨 낯짝으로 일본에 투자를 기대하나'라고 바뀌었다. 일본인들이 보기에 한국에서도 '문재인 정부 때문에 한일관계가 나빠졌고 여기에 비난하는 여론이 비등한다'는 확신을 주기에 충분한 제목 장사였다. 당연히 이 일본어판 기사는 야후 재팬의 많이 본 기사 상위에 링크되었다.

> "보통 젊은이들은 제목밖에 안 보죠. 일본이라고 해도요. '무슨 낯짝으로' 이렇게 했는데, '무슨 낯짝이냐' 이런 말은 매체에서는 거의 다루지 않아요. 너무 저급한 표현이라서요."
>
> **_유재순, JP뉴스 대표**

조선일보 일본어판의 발행은 조선일보 자회사에서 하고 있다. 조선일보 일본어판 법인 이름은 '조선일보 온라인'. 조선일보 본사와 300미터 떨어진 빌딩에 입주하고 있다. 조선일보 본사에서는 "조선일보 일본어판은 번역은 자회사가 했고, 조선일보는 홈페이지 운영에 관여하지 않는다. 일부 잘못이 있었으며, 재발하지 않도록 조치하겠다"고 입장을 밝혔다.

일제하 강제동원, 일본 측 입장 대변하는 한국 보수언론

문재인 정부를 노골적으로 반일이라고 낙인찍는 건 조선일보만의 문제는 아니었다. 2019년 발행된 조선일보와 중앙일보 일본어판에서 '반일'을 언급한 기사를 검색했더니 136건이 검색되었다. 일본 독자들 입장에서는 '문재인 정부가 반일'이라는 여론이 한국에 비등하다고 판단할 수 있는 기사들이다. 한일관계가 악화되던 시기, 중앙일보는 일본 극우의 입장을 충실히 반영하는 기사를 전면에 싣기도 했다. 중앙일보 예영준 기자는 일본이 경제 보복을 단행한 이후, 무토 마사토시 전 주한 일본대사와 인터뷰를 하고 그 기사를 한 면에 통째로 실었다(2019년 7월 19일자). 그러면서 '신뢰관계 흔든 한국 정부에 실망', '일본의 한국 경제 기여 알아줘야'라고 무토 전 대사의 말을 인용해 카피를 뽑았다. 문제는 무토 마사토시가 어떤 인물인가다.

한때 한국어를 유창하게 구사하는 지한파 외교관이었던 무토 전 대사는 지금은 각종 TV 프로그램에 출연해서 문재인 정부와 한국을 비하하고 혐오하는 발언을 하고 있다. 그는 2019년에 『문재인이라는 재액』[2]이라는 책을 냈고, 2017년에는 『한국인으로 태어나지 않아 다행』이라는 혐한류 책을 낸 바 있다. 혐한을 대중적으로 이용하는 일본 TV에서 그를 보는 것은 어렵지 않은 일이었다.

일본 TV   '한국인으로 태어나지 않아서 다행이다'라는 충격적인 제목 이죠? '말을 하지 않을 수가 없다! 왜 지금 문재인 대통령인

---

2 이 책은 2020년에 『문재인, 한국에 재앙』이라는 제목으로 한국어로 번역, 출간되었다.

가?' 사상 최악의 대통령이 탄생이라고 선생님께서 말씀하고 계십니다.

무토 마사토시   책 제목처럼 저는 일본인으로 태어나서 다행이라고 생각합니다. 다만, 한국인들에게도 한국인으로 태어나서 다행이라고 생각하게 하고 싶습니다. '가장 중요한 시기에 가장 위험한 대통령을 뽑았구나'라고 생각합니다.

일본 방송에 출연한 전 주한일본대사 무토 마사토시

중앙일보 예영준 기자는 일본 특파원을 역임했다. 그가 무토 전 대사의 성향을 모를 리 없다. 우리나라 최고 정론지에 한국을 혐오하는 데 앞장서는 혐한 정치인을 등장시키고 전면 기사로 실어준 것이다.

무토 전 대사는 현재 한일관계가 악화되는 데 가장 결정적인 역할을 한 일제하 강제동원 문제에 있어 일본 측 로비스트이기도 했다. 그는 일본 미쓰비시 기업의 고문을 맡아 한국을 여러 차례 방문했고, 실제로 강제징용 관련 재판을 일부러 지연시킨 양승태 대법원장의 사법농단 사태에 관여했다.

사실 박근혜 정부는 일본군 위안부 문제와 강제징용 문제에 대해 매우 비판적이었고, 아베 총리와 박근혜 대통령은 심각한 마찰을 빚었다. 당시 일본 언론에는 한국 정부를 '어리석은 국가'라고 비난하는 글이 실리기도 했다.

2013년 11월 일본 주간지 '주간문춘'이 보도한 아베 총리의 발언

그때도 아베 총리는 한국에 경제 제재를 하겠다고 위협했다. 당시 중국에 맞선 한미일 동맹 구축에 심혈을 기울인 미국 오바마 대통령도 압박했다. 결국 박근혜 대통령은 10억 엔의 합의금, 그리고 위안부 문제에 대한 항국적 해결을 약속하고 한일 위안부 합의를 했다. 강제징용 배상 판결은 계속 연기되었는데, 일본의 압력을 받은 한국 외교부가 재판 지연을 요청했고 양승태 대법원장이 이를 받아들였기 때문이다. 무토 전 대사는 이 과정에 깊숙이 관여한 사람이다. 그런 무토 대사와의 인터뷰가 신문 한 면 가득 실리고 그 기사는 일본어로 번역되어 일본인

들에게 전달된다. 무토 대사라는 혐한 인사는 한국 유력 언론과 인터뷰한, 한국에서도 인정받는 저명인사가 되는 기현상이 벌어진 셈이다. 굳이 민족주의적인 잣대를 들이대지 않더라도 그냥 비상식적인 일이 벌어진다.

일본의 무역 보복, 그 시작은 조선일보

2019년 8월 일본의 경제 보복 후, 당시 보수 야당 중 하나였던 바른미래당 최고위원 하태경 의원은 국회에서 이낙연 국무총리를 몰아붙였다.

하태경 의원   일본이 안보 위협을 핑계로 경제 보복을 단행했습니다.

이낙연 총리   일본 측이 근거로 삼았던 자료가 국내의 불확실한 보도 또는 정치권의 유출에 의한 것이었다고 하는데, 참으로 개탄스럽다고 생각합니다.

이 전 총리가 언급한 국내의 불확실한 보도는 도대체 무엇이었을까? 일본이 경제 보복을 단행하기 두 달 전쯤인 2019년 5월의 조선일보 기사를 살펴보자.

일본이 경제 보복에 나선 명목은 '일본에서 한국으로 가는 반도체 소재 관련 물자는 전략물자인데 그 관리가 불확실하다'는 것이었다. 이 전략물자들이 북한으로 가서 무기 개발 등에 쓰이고 있다는 게 일본 우

≡ 🔍   朝鮮日報   🔊 🔖

정치 >

대량 살상무기로 전용 가능한데…
한국, 전략물자 불법수출 3년새 3배

생화학무기 계열 70건 최다… 제3국 경유 北·이란에 갔을수도

김형원 기자

입력 2019.05.17 03:07 | 수정 2019.07.11 20:25   🔊 🔖

미사일 탄두 가공과 우라늄 농축장비 등으로 전용(轉用)될 수 있는 국내 생산 전략물
자가 최근 대량으로 불법 수출되고 있는 것으로 16일 나타났다. 대량살상무기(WMD
) 제조에 쓰일 수 있는 우리 전략물자가 제3국을 경유해 북한이나 이란 등으로 흘러
들어갔을 가능성이 있다.

조원진 대한애국당 의원이 산업통상자원부로부터 제출받은 '전략물자 무허가 수출
적발 현황'에 따르면 2015년부터 올해 3월까지 정부의 승인 없이 국내 업체가 생산해
불법 수출한 전략물자는 156건으로 집계됐다. 2015년 14건이던 적발 건수는 지난해
41건으로 3배 가까이 늘었다. 특히 올해는 3월까지 적발 건수만 31건으로 급증세를
보이고 있다.

익의 논리다. 그런데 그 논리가 조선일보 기사에서 제공된 것이다. 실
제로는 어떨까? 데이터만 살펴봐도 이 부분은 가짜뉴스에 가까웠다.
문재인 정부가 들어선 이후 한국의 전략물자 불법 수출 적발 건수는 박
근혜 정부와 비교해 절반 가까이 줄었다. 기사 그 어디에서도 근거는
찾아볼 수가 없는데도 한국에 수출한 전략물자가 북한으로 흘러들어
갔을 가능성을 제기하기도 했다.

> "북한으로 불화수소가 나가는 사례가 있다든지 이런 이야기도 나왔지 않습
> 니까? 실제로는 나간 사례가 없어요. 미국 과학국제안보연구소에서 평가했

는데, 전략물자 관리 평가에서 한국이 17위, 일본이 36위로 평가됐어요. 한국이 더 잘하고 있는 거죠. 그런데 오히려 못하는 국가에서 '미흡하니 제재를 강화해야겠다' 이러니 말이 안 되는 거죠."

_진종열, 한국 전략물자관리원 선임연구원

문제는 이 가짜뉴스가 고스란히 일본어판 조선일보에 기재되었다는 것이다.

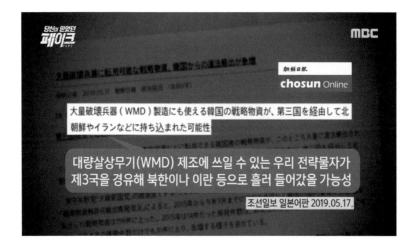

강제징용 문제로 한국 정부에 보복을 가하려는데 그럴듯한 명분이 필요했던 아베 정부 입장에서는 너무나 반가운 기사였다. 게다가 한국 내 가장 많은 독자를 보유한 조선일보 기사라니! 당연히 이 기사를 무역제재의 빌미로 삼았다. 집권 자민당에서 군사 분야의 실력자인 오노데라 이쓰노리 자민당 안보조사회장이 TV에 직접 출연해 밝혔다.

"조선일보 기사 중에서 올해 5월이라고 보고받았습니다만, 대량 파괴에 전용 가능한 전략물자가 한국에서 위법으로 유출되는 게 급증하고 있습니다."

_오노데라 이쓰노리, 자민당 안보조사회장

일본어판 조선일보와 중앙일보의 사례는 전 세계적으로도 굉장히 독특하다. 보통 보수언론이라고 한다면 '민족주의적 성향'을 띠는 게 역사적 사실이다. 그런데 한국의 보수언론은 100년 전 우리나라를 식민지화했던 일본, 그리고 그 잔재가 그대로 남아 있는 일본 보수세력과 끈끈한 관계를 넘어 이데올로기적으로 동화되고 있다. 그들은 한국에서 쓰면 논란이 될 만한 제목과 표현을 일본어판에서는 서슴없이 쓰고 있는데, 그들의 본질은 실상 일본어판에 있는 건 아닌지 의심할 만하다.

이른바 정론지라고 자부하는 그들이 가짜뉴스를 스스로 생산하고 있다는 점에서도 독특하다. 가짜뉴스가 보통 SNS 기반의 불특정 언론에 의해 확산되는 게 세계적인 추세라면, 미국의 경우 트럼프 전 대통령이 가짜뉴스의 가장 큰 소스로 등장했다. 일본어판 한국 신문들의 사례에서 보듯이, 한국의 경우 보수 정론지를 중심으로 가짜뉴스가 만들어지고, 심지어 그 가짜뉴스가 외교관계에도 큰 영향을 미치고 있다는 점은 분명 연구해볼 만한 가치가 있다.

원전 정책과
가짜뉴스가 원하는 것

팩트 체크① – 문재인 대통령, 영화 <판도라> 보고 탈원전 시작했다?

    2016년 12월, 국내 최초로 원자력발전소 사고를 다룬 재난 블록버스터 영화 <판도라>가 개봉 했다. <판도라>의 소개글을 살펴보면 '역대 최대 규모의 강진에 이어 원자력 폭발 사고까지 예고 없이 찾아온 초유의 재난 앞에 한반도는 일대 혼란에 휩싸이고, 믿었던 컨트롤타워마저 사정없이 흔들린다'라고 나와 있다. 영화에서는 방사성물질 누출에 시민들이 황급히 대피하려고 하지만 도로가 차로 꽉 막혀 제대로 피할 수도 없는 상황과, 사태 수습에 나선 정부가 우왕좌왕하는 모습을 현실감 있게 보여준다.

〈판도라〉는 원전 사고가 단지 영화 속 이야기만이 아님을 실감하게 한다. 실제 이 영화를 본 국민을 대상으로 한 여론조사에서 10명 중 8명은 "〈판도라〉가 실제로 발생할 수 있다는 우려가 든다"라고 했다.

그런데, 이 영화가 개봉한 지 4년이 넘었건만, '탈원전' 문제를 이야기할 때마다 문재인 대통령과 〈판도라〉를 둘러싼 가짜뉴스가 나오고 있다. 2016년 12월 18일, 당시 문재인 전 더불어민주당 대표는 부산 서면의 한 영화관에서 열린 시사회에서 〈판도라〉를 관람했다. 관람 후 "영화를 보며 눈물을 정말 많이 흘렸다"며 "탈핵·탈원전 국가로 만들어나가자"고 말하기도 했다. 그리고 대통령 취임 한 달여 뒤인 이듬해 6월 19일, 고리 1호기의 영구 정지를 발표하면서 "원전 정책을 전면적으로 재검토하고 원전 중심의 발전 정책을 폐기하고 탈핵 시대로 가겠다"고 선포한다. 그때부터 야당을 중심으로 "문재인 대통령이 영화 〈판도라〉를 본 뒤 탈원전 정책을 시작했다"는 주장이 나오기 시작했다.

> "전혀 말도 되지 않는 탈원전 정책 영화 한 편 보고 대한민국의 수십 년짜리 정책 이렇게 망가뜨리고……"
>
> **_심재철, 전 자유한국당 의원**

> "문재인 대통령은 〈판도라〉라는 영화 한 편 보고, 가동 중인 원전과 원전 산업을 다 폐기하겠다고 나섰습니다."
>
> **_정진석, 전 자유한국당 의원**

> "대통령이라는 분이 〈판도라〉라는 영화 하나 보고 난 뒤에 탈원전 정책을 했다. 나는 참 걱정스럽다."
>
> **_홍준표, 전 자유한국당 대표**

앞뒤 관계를 보면 대통령이 〈판도라〉 관람을 하고 6개월여 뒤에 탈원전을 선포한 것은 사실이다. 하지만 문재인 대통령이 탈원전을 말한 것은 2016년이 처음이 아니었다. 2012년 18대 대선 공약에도 탈원전이 등장했다. 내용은 신규 원전 백지화, 수명 종료 원전 가동 중단, 안전에 문제가 있는 원자로 조기 폐쇄 등으로, 2017년 19대 대선 탈원전 공약과 큰 틀에서 비슷하다. 문 대통령은 2012년 대선에서 떨어진 후에도 꾸준히 탈원전을 외쳤다. 2013년 11월, '한국 사회의 탈원전, 불가능한 이야기인가'라는 토론회를 주최했고, 2014년 7월에는 새정치민주연합 원전대책특위를 구성해 위원장을 맡기도 했다. 2016년 9월 발생한 경주 지진 이후에는 정부에 "신고리 5·6호기 건설 취소 등 원전 정책을 전면 재검토하라"고 주장했다. 모두 영화 〈판도라〉를 관람하기 전의 발언이다. 따라서 문 대통령이 〈판도라〉를 보고 탈원전을 시작했다는 건 사실이 아니다.

탈원전, 어떻게 시작되었나?

화석연료를 제외한 에너지들 중에서 가장 효율적인 에너지는 원자력이다. 우리나라에서 생산되는 전력의 30%를 차지할 만큼 에너지 분야에서 중요한 역할을 하고 있다. 특히 자원이 부족하고 에너지 의존도가 높은 한국에 30여 년간 값싸고 질 좋은 전력을 안정적으로 공급하면서 원자력 발전은 국가 산업의 원동력이 되었다.

하지만 원자력은 그만큼 감수해야 하는 것이 많은 에너지이기도 하다. 전 세계적으로 원자력발전소 중대 사고가 3번 있었다. 미국 스리마일 원전 사고(1979년), 구소련 체르노빌 원전 사고(1987년), 일본 후쿠시마 원전 사고(2011년)다. 특히 2011년 후쿠시마 원전 사고로 '예측 불가능한 사고'에 대한 우려가 커졌다. 이 사건을 기점으로 몇몇 나라들은 원전을 사용하지 않겠다는 정책을 내놓기 시작했다. 우리나라에서도 2016년 9월 12일 경주에서 규모 5.8의 지진이 일어났다. 1978년 지진 관측을 시작한 이후 한반도에서 발생한 역대 최대 규모의 지진이었다.

일본에 비해 지진에 자유로웠던 한국도 안전성에 빨간불이 켜졌고, 문 대통령의 탈원전 정책이 발표되었다.

팩트 체크② – 문재인 정부의 탈원전 정책, 원전이 곧 사라진다?

2017년 6월 19일 0시, 한국 첫 원자력발전소인 고리 1호기가 영구 정지됐다. 당시 문재인 대통령은 "국민 안전을 최우선으로 하는 청정에 너지 시대, 이것이 우리 에너지 정책이 추구할 목표. 탈원전은 거스를 수 없는 시대의 흐름이다. 수만 년 이 땅에서 살아갈 우리 후손들을 위 해 지금 시작해야만 하는 일이다"라고 말했다.

'탈원전 정책'이란 공해를 발생시키는 원전과 석탄발전 비중을 줄이 고 태양광, 풍력, 수소 등 신재생에너지를 집중 육성하는 '에너지 전환' 정책이다. 그리고 원전을 대체할 친환경 에너지원을 개발해서 안정적 으로 '에너지 전환'을 이뤄내는 것이다.

탈원전 정책 이후 '2025년부터 전력수급 안정성 우려', '속도 내는 탈 원전 "그러다 탈나요"', '탈원전 과속, 누굴 위한 것인가' 등 정부의 정책 추진이 너무 빠르다는 지적이 나오기 시작했다. 그러나 탈원전 정책은 당장 원전 가동을 중지시키는 것이 아니다. 30년 이상 노후화된 원전 을 자연스럽게 소멸하도록 한다는 것이지, 원자력을 없애는 것이 아니 다. 오히려 2024년까지 원전의 수는 증가한다. 2030년까지 발전 비율 의 20%를 신재생에너지로 공급하고 60년에 걸쳐 원전 비율을 서서히

줄이는 것이 목표인 만큼, 서두른다고 볼 수 없다.

2017년 탈원전을 발표한 후 지난 3년간 정부는 원전 2기(고리 1호기, 월성 1호기) 가동을 중단하고 신규 원전 6기 중 4기(천지 1·2호기, 대진 1·2호기) 건설계획을 백지화했다. 현재 25기의 원전이 운영 중인데, 2022년 28기, 2024년에는 26기, 2034년에는 17기, 2038년 14기로 단계적으로 줄인다. 핵발전소가 모두 사라지는 이른바 '원전 제로zero' 시기는 현재 운영허가 절차를 밟고 있는 신한울 2호기의 수명이 끝나는 60년 뒤에나 가능하다.

팩트 체크③ – 기승전 탈원전? "강원도 산불, 한전 적자, 모두'탈원전' 탓이다!"

한국당, "강원도 산불 원인은 탈원전 때문… 중단 촉구" 뉴시스

한국당, "한전 적자, 관리 소홀 이어져" 브릿지 경제

강원도 산불, "모두 문재인 대통령 탓" 한강타임즈

벼랑 끝 몰린 한전 매일경제

"무분별한 탈원전 정책, 전기요금 폭탄 맞을 것" 파이낸셜 뉴스

탈원전 직격탄, 한수원 경영 빨간불 매일신문

한국전력 적자 전환 쇼크 한국금융신문

문재인 정부의 탈핵, 에너지 전환 정책을 둘러싸고 가짜뉴스는 계속해서 나오고 있다. 특이한 점은 다른 가짜뉴스들이 유튜브 등 인터넷을 통해 확산되고 있다면, 탈핵, 에너지 전환 정책을 둘러싼 가짜뉴스는 야당과 일부 보수언론을 통해 끊임없이 이어지고 있다는 것이다.

2018년 4월, 강원도 고성에 대형 산불이 발생했다. 인터넷에서는 가짜뉴스가 광범위하게 퍼지기 시작했다. 당시 자유한국당은 강원도 산불이 모두 "문재인 정부가 원인"이라고 했다. '산불'과 '문재인 대통령'은 어떤 연관성이 있는 것일까?

당시 자유한국당은 "문재인 정부의 탈원전 정책 때문에 한국전력공사(한전)의 경영수지가 악화됐고, 이런 무리한 예산이 원인이다", "한전 전신주 등에 대한 전력설비 안전예산은 2017년 1조 8천억 원이었던 것이 2018년, 2019년, 이 정부 들어 20% 이상 줄었다"며 "탈원전으로 인해 회사 내 경비 절감 차원에서 안전예산을 줄인 것이 화근이 되지 않았나"라고 주장했다.

탈원전으로 원전 이용률이 낮아지고 그것이 한전 적자를 가져와서 산불까지 일어났다는 주장은 사실이 아니다. 원전 이용률은 과거 '안전 불감증' 때문에 낮아진 것이다.

그래프를 보면 원전 이용률과 가동률이 떨어지기 시작한 시점은

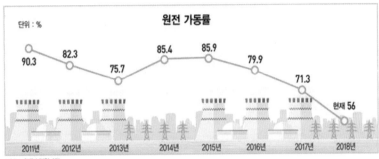

단위 : %

원전 가동률

90.3　82.3　75.7　85.4　85.9　79.9　71.3　현재 56

2011년　2012년　2013년　2014년　2015년　2016년　2017년　2018년

자료 : 한국수력원자력

2011년 후쿠시마 원전 폭발 이후 안전 관리가 강화되면서부터다. 2011
년 이전에는 원전 가동률이 언제나 90%를 웃돌았다. 그러던 것이 2012
년 82.3%, 2013년부터 70%로 떨어졌다가 2018년 1월에는 50%대에 이
르고 있다.

한전 가동률 하락은 안전기준 강화와 과거 부실 관리 때문

2016년 6월, 전남 영광 지역의 원전 한빛 2호기에서 처음으로 격납
건물 철판CLP 부식 및 원자로 콘크리트 벽 공극(빈 공간)이 무더기로 발
견됐다. 원자로 밖으로 방사능이 새어 나올 수 있는 위험 요인이었다.
2016년 11월 한빛 1호기에서도 부식 현상이 발견됐고, 2017년 1월에는
고리 3호기, 2017년 3월에는 고리 4호기에서도 같은 현상이 발견됐다.
수개월에 걸쳐 대대적 '계획예방정비'(원전 성능 유지와 각종 기기의 고장
예방을 위해 원전 운행을 일시 중단하고 실시하는 정기점검)에 들어갔다.

과거 60일 내외로 이루어지던 계획정비 기간이 90일에서 120일까지

길어졌다. 이상이 발견된 경우는 수리 기간이 1년을 넘기는 경우도 생겼다. 2017년 하반기에는 총 24기의 원전 중에서 10여 기의 원전이 동시에 중단되기도 했다.

2016년 이후 원전 가동률이 70%대로 떨어지고 일시적으로 50%대로 하락한 것은 사실이지만, 과거의 느슨한 안전기준으로 확인하지 못했던 문제들을 2017년 이후 발견한 게 원전 가동률 하락의 가장 큰 원인이다. 따라서 '탈원전 정책에 따라 일부러 원전을 멈췄다'는 것은

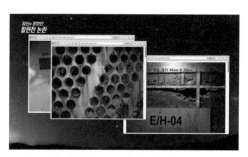

한빛 2호기에서 발견된 부식 및 공극 현상

사실이 아니다. 기존 원전의 부실시공 문제가 점검, 정비 기간을 장기화시켜 원전 가동률을 떨어뜨린 것이다.

하지만 야당과 원전 옹호론자, 그리고 일부 언론은 마치 탈원전과 가동률 하락이 인과관계라도 있는 것처럼 보도했다. 조선일보는 2018년 6월 14일, '탈원전 한전 상반기 1조 원 적자, 현 정권 책임이다'라는 제목의 사설에서 "탈원전 이후 원전을 적대시하면서 안전 점검 등의 명

목으로 원전을 세우는 일이 많아졌다"라고 주장했다.

원전에서 발견된 위험 요소를 정비하는 것은 원전에 대한 찬반을 논하기 전에 상식 문제이다. 전문가들은 "원전 운영의 최우선 기준은 '이용률'이 아닌 '안전성'이다. 원전 이용률을 정책 결과인 것처럼 여론 몰이하면 원전 가동을 중단해야 하는 상황에서도 원전을 계속 가동하려는 압박이 발생해서 '한빛 1호기 전력 폭주 사건'과 같이 원전의 안전한 운영에 문제가 생길 수 있다"고 경고했다.

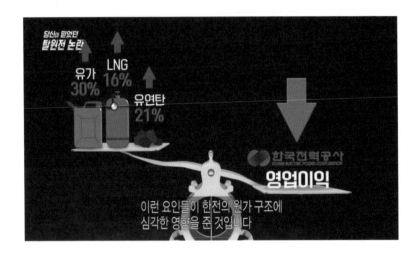

한전 적자의 가장 큰 원인은 '국제적인 연료 가격 상승'과 관련이 있다. 국제 연료 가격 상승 추이를 보면, 2017년 대비 2018년 유가가 30% 이상 상승했고 LNG도 16.2%, 유연탄 역시 21% 급등했다. 이런 요인이 한전 원가 구조에 심각한 영향을 준 것이다. 즉 한전의 적자 원인은 '연료가 상승' 때문이다.

팩트 체크④ – 탈원전 하면 전기요금이 3배 이상 폭등할까?

　야당을 비롯한 원자력계는 "원전은 가장 경제적인 전원電源이며 다른 전원으로 대체하면 전기요금이 상승하는 문제가 생긴다"고 주장해왔다. 사회 각층에서는 탈핵이 '전기요금 폭탄'으로 이어질 것이라고 우려한다. 2017년 황주호 한국원자력학회장은 "추가 원전 건설 등을 하지 않고 (부족분을) 신재생에너지로 대체할 때 전기요금이 79% 상승할 것"이라는 언론 인터뷰를 했고, 국책기관인 에너지경제연구원은 "2030년 발전 비용이 약 21% 증가할 것이다"라고 주장했다.

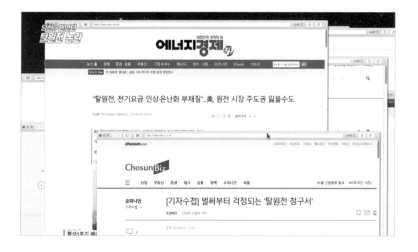

　2030년, 우리 집은 지금보다 연 31만 원(월 평균 2만 6천 원)의 전기요금을 더 내야 할까? 그렇지 않다. 이 금액은 한국전력의 2030년 전기요금 전망치 가운데 산업용, 상업용, 주택용을 구분하지 않아 생긴 오류다. 쉽게 말해, 대형 공장의 전기요금과 주택 한 가구의 전기요금을 모두 합쳐 평균을 낸 것으로, 이는 현실과 동떨어진 것이다.

환경운동연합 등 환경단체는 전기요금 폭등 근거가 부실하다는 지적을 한다. "신재생에너지의 발전단가가 계속 낮아지고 있는데, 현재의 발전단가를 2029년까지 일률적으로 적용했다"는 것이다. 산업통상자원부 관계자는 "탈원전, 탈석탄 정책에도 앞으로 5년 동안 전기요금 인상요인은 거의 없는 것으로 파악하고 있다"라고 밝혔다. 또한 "전기요금의 미래 가격은 거시적으로 봐야 하는데, 원전의 발전단가는 계속 상승하는 반면 신재생에너지는 가격이 낮아지고 있다"고도 했다.

원자력으로 생산하는 전기요금에 원전 폐기물 처리와 안전비용은 지속적으로 추가된다. 앞으로 원전 건설과 운영비용이 증가할 수밖에 없기 때문에, 장기적으로 탈원전이 오히려 전기요금을 낮추는 방향일 수 있다.

팩트 체크⑤ – 우리나라 원전은 안전하다?

우리나라는 전 세계에서 원전 밀집도가 '가장 높은' 나라이다. 국제환경보호 단체인 그린피스가 발표한 국제원자력기구IAEA의 자료를 보면, 2016년 말 기준 전 세계에서 가동 중인 원전단지를 분석해본 결과, 부산·울산의 고리원자력발전본부의 발전용량이 6860MW로 가장 많았다. 미국보다 20배 이상 높고, 러시아보다는 100배 이상 높다. 좁은 국토에 25기라는 많은 원자력발전소가 있다 보니, 우리나라 원전 밀집도가 세계에서 가장 높을 수밖에 없다.

고리 원전 반경 30킬로미터 안에 382만 명의 주민이 모여 살고 있다는 것은 우리나라에서 원전 사고가 발생한다면 후쿠시마 사태보다 더 참혹한 비극이 벌어질 수 있음을 암시한다.

문 대통령은 영화 〈판도라〉를 관람한 뒤 "고리 원전이 가까이 있는 부산 시민 입장에서는 머리맡에다 언제 터질지 모르는 폭탄 하나를 놔두고 사는 것과 같다. 판도라(원전) 뚜껑을 열지 말아야 할 것이 아니라 판도라 상자 자체를 치워야 한다"고 말하기도 했다.

원전 밀집도와 함께 핵폐기물 처리에 대한 문제도 시급하다. 같은 원자력 공학자이지만 친원전 쪽을 대변해온 정용훈 KAIST 원자력 및 양자공학과 교수와 탈원전(에너지 전환) 쪽을 대변해온 박종운 동국대 원자력 에너지공학과 교수의 말을 각각 들어보자.

"원전은 탈원전을 정당화할 만큼의 위험성이 없다. 만약에 처분을 하게 된다면 지하 400~500미터 정도 아래에 핵폐기물을 집어 넣어서 보관하면 된다. 용기도 튼튼하고 녹슬지 않고 설령 그것이 깨지더라도 지상에 영향을 줄 가능성은 전혀 없다. 300~600년 사이면 폐기물이 거의 사라진다고 봐야 한다."

_정용훈, KAIST 원자력 및 양자공학과 교수

한편 박종운 교수는 원자력의 위험성에 대해 경고한다.

"다른 기술과 달리 원자력 비용은 안전성 보강 문제로 시간이 지남에 따라 상승한다. 원전 지지자들조차 자유시장 환경에서는 경쟁력이 없다고 보고 있다. 원자력이 기후 변화 대응 역할을 하려면 늘어나는 비용, 안전한 폐기물 처리에 관한 심각한 문제를 해결해야 한다. 지금 그 어떤 나라도 핵폐기물에 대한 방법이 없다. 그게 해결되면 그때 가서 지어도 된다."

_박종운, 동국대 원자력 에너지공학과 교수

이산화탄소를 배출하지 않는다는 이유로 원전을 친환경적이라고 하는 의견도 있지만, 독일, 영국, 이탈리아 등 유럽 국가는 가동 중단을 목표로 사용량을 줄이고 있다. 위험하고 친환경적이지 못하기 때문이다. 핵폐기물은 처리가 어렵고 대기 중에 노출되면 안 되기 때문에 깊숙이 땅을 판 다음 그곳에 드럼을 넣어 보관하고 있다. 원자로를 식히는 과정에서 바닷물을 냉각수로 사용하는데, 뜨거운 물이 바다로 유입되면서 해수 온도를 높여 바다 생태계를 파괴하기도 한다. 사용 후 핵연료 문제가 해결되지 않고서는 원전의 운영도, 폐기도 추진할 수 없다는 점에서 정부 차원의 노력이 더욱 필요한 상황이다.

독일은 탈원전에 실패했다?

독일은 전 세계적으로 에너지 전환에 성공한 대표적 나라다. 독일은 1970년대 석유 파동 이후 빠르게 에너지 전환의 중요성을 인식했다. 2011년 후쿠시마 원전 사고가 더해지면서 '2022년 무원자력발전소 시대'를 선언하는 등 신생 에너지 전환에 대한 정책을 수립해가고 있다. 그런데 최근 보수언론을 중심으로 독일과 관련된 탈원전 왜곡 보도가 끊이지 않고 있다.

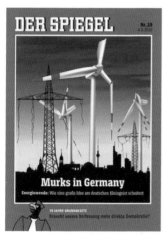

독일 유력 주간지 '슈피겔'에 실린 원전 기사

2019년, 한국의 일부 언론은 독일의 유력 주간지 '슈피겔'의 에너지 정책 관련 보도 '재생 가능한 미래를 향한 길에서의 독일의 실패German failure to the road to a renewable future'(2019년 5월 3일)에 나온 기사를 입맛에 맞는 부분만 취사 선택해서 인용하면서, "독일 언론도 독일의 탈핵을 실패로 규정했다"고 보도했다.

조선일보는 2019년 5월 8일 기사 '200조 원 쓴 탈원전, 값비싼 실패, 독일의 후회'에서 "슈피겔에 따르면 독일 정부는 지난 5년간 200조 원 이상을 에너지 전환에 쏟아부었지만 풍력과 태양광 등 재생에너지는 발전량이 일정하지 않아서 전력 부족 상황이 이어지고 있다"고 보도했다.

슈피겔 기사를 인용한 조선일보 기사

그러나 슈피겔 기사 원문을 보면 언론사들이 빠뜨린 핵심적 내용이 있다. 슈피겔은 "만약 재생에너지가 빠르게 확대되지 않으면 전력 부족 현상이 일어날 수 있다"고 전력 부족 가능성을 이야기했다. 즉 '재생에너지 때문에 전력 부족이 일어난다'가 아니라, '재생에너지 시스템이 덜 성숙해서 전력 부족이 일어난다'는 것이 슈피겔의 요지인데, 한국 보수언론은 이를 "독일은 에너지 전환을 실패로 보고 있다"고 바꿔버린 것이다.

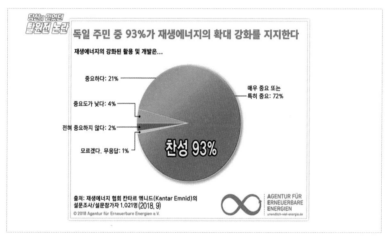

재생에너지 확대에 대한 독일 국민 여론조사 결과

또한 2018년 9월에 실시한 독일의 여론조사에서도 독일 국민 93%가 재생에너지 확대를 지지하며 찬성한다고 응답했건만, 한국 언론들은 '독일의 후회'라며 호도했다.

이뿐 아니라, 슈피겔이 에너지 전환의 '비용'을 언급한 부분도 왜곡

했다. 슈피겔 기사 말미에는 "시나리오대로라면 2050년까지 '모든 에너지 전환 비용'은 총 2조~3조 4천억 유로가 들 것이다. 에너지 전환 정책은 독일 통일만큼이나 비용이 들고 힘든 일일 것이다"라고 나와 있으나, 조선일보는 앞서 언급한 5월 8일 기사에서 "슈피겔은 '2050년까지 탈원전, 탈석탄 목표를 달성하려면 약 2조~3조 4천억 유로를 쏟아부어야 할 것'이라고 했다"라고만 해, 마치 재생에너지 비용이 엄청난 것인 양 기술해놓았다.

슈피겔의 비용 지적은 주로 탄소세와 탈탄소 비용에 초점이 있음에도, 슈피겔 기사에서는 언급되지도 않은 전기요금을 슬쩍 끼워 넣은 기사들도 있었다. 조선일보의 2019년 5월 9일 사설 '한국이 따라가던 탈원전 독일, 스스로 실패 판정'을 보면, 전기요금을 근거로 "그런데도 국내 환경론자들은 독일 에너지 전환을 격찬하면서 본받아야 한다고 해왔다"며 환경론자들을 비판하기도 했다. 한국경제의 2019년 5월 7일 기사 "'탈원전은 값비싼 실패'… 독일서도 비판 목소리'에서는 아예 "독일 정부의 탈원전 정책이 실패했다는 평가를 받는 것은 우선 전기요금 상승 때문"이라고 언급하기도 했다.

조선일보는 2019년 5월 8일 사설 '한국이 따라가던 탈원전 독일, 스스로 실패 판정'에서 "(독일의) 2016년의 경우 전력 수입의 32%가 원전국가 프랑스에서 온 것이었다. 자국의 전기가 모자랄 때는 프랑스의 원자력 전기를 가져다 쓴 것인데 이게 무슨 탈원전인가"라고 비판했다. 물론, 독일은 전기가 모자랄 때 수입하기도 하고 수출하기도 한다. 그런데

2018년 통계자료를 보면 수출이 수입보다 훨씬 많다는 것을 알 수 있다.

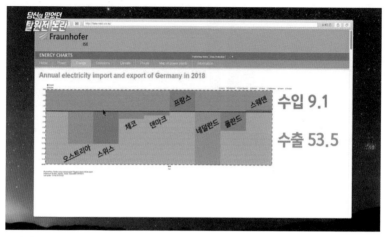

독일의 2018년 에너지 수출입 통계

독일은 전력을 수출하는 나라다. 독일 전기회사 '라인-베스트팔렌' 의 자료에 따르면 2017년 기준 독일의 전력 수출입 현황에서 수출은 총 45.35TWh, 수입은 32.9745TWh, 2018년 독일 순전력 수출입량 역시 수입 9.1TWh, 수출 53.5TWh이다. 하지만 조선일보는 독일이 전력을 수입만 하는 것처럼 묘사했다.

슈피겔의 보도는 독일이 재생에너지 확대 목표에는 성공했지만, 보 다 더 중요한 에너지 전환을 위해서는 극복해야 할 과제들이 있다고 지 적하고 있다. 2050년까지 온실가스를 80~95%까지 감축하려면 전력뿐 아니라 산업, 수송, 건물 등 전 에너지 분야에 걸친 에너지 전환이 필요 하고, 관련 에너지 인프라에 대한 대대적 투자를 단행해야 한다는 것이

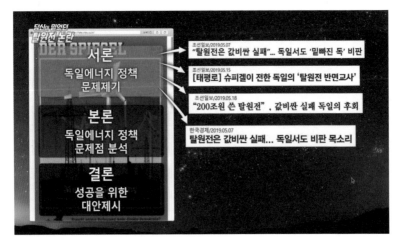

슈피겔 기사에서 '문제 제기'부분만 인용한 한국 언론

다. 무엇보다 에너지 전환 성공을 위해서는 정치적 결단이 필요하다는 점을 강조하고 있다. 하지만 한국의 일부 보수언론들은 서론의 문제 제기 부분만을 인용하여 전혀 다른 내용의 기사를 작성했다.

세계의 탈원전 추세

에너지 전환은 세계적인 추세이다. 주요 선진국들은 이미 재생에너지 100%를 목표로 하는 시대로 넘어가고 있다. 독일은 현재 60%인 재생에너지 비중을 2032년까지 100%로 확대하며, 2022년에는 핵에너지에서 완전히 벗어난다는 계획을 발표했다. 스웨덴 에너지 정책의 핵심은 새 원자력발전소 설립에 투자하지 않고 2040년까지 재생에너지 100%를 완료하는 것이다. 프랑스는 2035년까지 원전 비중을 75%에서 50%로 감축하는 것이 목표다. 스위스는 신규 원전 건설 허가는 더 이상 발급하지 않으며, 5기의 원전 중 노후한 원전 한 곳은 이미 중단이 결정됐다고 설명했다.

산업통상자원부가 2017년 11월 기준 세계원자력협회WNA 통계와 2017년 8월 발표한 세계에너지기구IEA의 보고서를 인용해 발표한 보도자료에 따르면, OECD 35개국 중 71%인 25개국이 이미 원전이 없거나 원전 제로화 또는 원전 감축을 추진 중이다. 전 세계 신규 발전설비 투자액 4470억 달러 중 66.7%가 재생에너지를 늘리는 데 사용되었고, 원전은 3.8%에 불과했다. 2017년 한 해 동안 재생에너지 시장은 300조 원, 원전 시장은 17조 원이다. 석탄과 가스 시장이 132조 원임을 볼 때, 이미 원전은 신규가 아니라 해체 시장이다. 지난해 전 세계 재생에너지 발전량 변화는 앞으로 우리나라의 에너지 정책이 어디에 초점을 맞춰야 하는지 명확히 보여준다.

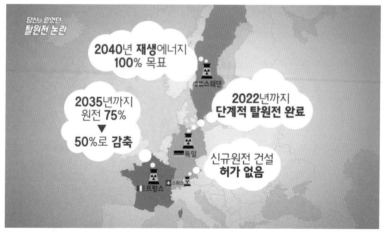

유럽 국가의 에너지 정책

전 세계는 원전 사고, 핵폐기물, 미세먼지, 온실가스 문제뿐 아니라 일자리 해결, 지속 가능한 경제를 만들기 위해 에너지 전환으로 나아가고 있다. 태양광, 풍력뿐 아니라 지열, 바이오가스, 바이오매스, 수력 등 다양한 에너지원으로 구성된 재생에너지 100% 사회와 내연 기관차 폐지, 전기차 등 친환경차 확대로 나아가고 있다.

석유, 석탄에너지는 점차 고갈되어가고, 원자력 발전의 방사능 처리 문제, 그리고 환경파괴 문제는 날이 갈수록 심각해지고 있다. 환경 문제를 해결하기 위한 신재생에너지로의 전환은 우리 후손들이 대대로 살아갈 하나뿐인 지구를 지키기 위해 생명을 걸고 실행해야 하는 중요한 문제로 떠오른 것이다.

환경단체 전문가들은 우리나라가 최소 20~30년은 늦었다고 판단한다. 세계적으로 풍력, 태양광 등 대체에너지 발전설비 용량을 늘려가는 가운데, 우리나라를 비롯한 소수의 원자력 중심 국가만이 변함이 없다는 사실은 투자 없이 효율성만을 강조하는 것이다. 탈원전은 거스를 수 없는 시대의 흐름이다. 선택이 아닌 필수다. 이 땅에서 살아갈 우리 후손들을 위해 지금 시작해야만 하는 일인 것이다.

국가의 에너지 정책은 기후위기, 국민의 생명과 안전과 관련된 중요한 문제다. 야당과 일부 보수언론은 자신들의 이해관계와 목적만을 위해 편협된 주장과 가짜뉴스를 퍼뜨려왔다. 모든 국민이 안전하고 건강하게 살 수 있는 사회를 만들기 위해, 탈원전 문제에 대해 정치색을 빼고 정확한 정보를 올바르게 보며 함께 고민하는 노력이 절대적으로 필요하다.

PART4.

FAKE NEWS

가짜
뉴스와
젠더 갈등

01

'대림동 여경'은
가짜였다

또 한 편의 방송을 앞두고 눈에 불을 켜고 아이템을 찾고 있었다. 많은 아이템 후보들이 있었지만 '이거다!' 싶은 것은 잘 보이지 않았다. 의미 있는 가짜뉴스 체크도 중요하지만 화제성도 신경 써야 하기 때문이다. 그러던 중 '대림동 여경 사건' 뉴스에 눈길이 가기 시작했다. 워낙 많은 사람이 온라인에서 설전을 벌이고 있었고, 며칠 사이 수백 건의 기사가 쏟아져 나오는 등 그야말로 난리였으니, 아무래도 관심이 생길 수밖에 없었다. 특히 '여경은 힘이 약하다', '도움이 안 된다', '뽑을 필요가 없다' 등 여경 전체를 향한 비난의 시선이 짙어 보였다.

▶ 대림동 여경 사건이란?

2019년 5월 서울 영등포구 대림동에서 주취자 2명이 남자 경찰관에게 욕을 하며 뺨을 때리는 일이 벌어졌다고 한다. 그런데 주취자 제압 과정에서 함께 출동했던 여자 경찰이 주취자에게 밀려나고, 또 주변의 남자 시민에게 도움을 요청한 사실이 추후 공개되면서, 여경 전체에 대한 비판 여론이 확산되기도 했다.

그렇지만 대림동 여경 뉴스를 선뜻 아이템으로 잡기는 쉽지 않았다. 고백하건대 '젠더 갈등' 양상을 보이는 아이템은 선택하기가 매우 부담스럽다. 잘 만들기도 어려울뿐더러, 아무래도 명확한 해답이 존재하는 것은 아니다 보니 여기저기서 혹독한 비판이 쏟아지는 경우가 많기 때문이다. 대림동 여경 사건도 마찬가지였다. 이미 이 사건은 경찰의 공권력 문제나 현장 대응력에 대한 논의를 떠나 여성과 남성의 싸움으로 번져 있는 상황이었다. 어떤 식으로 다루든 갈등만 더 부추길 것 같았다. 하물며 〈당신이 믿었던 페이크〉는 가짜뉴스를 다루는 프로그램인데, 이 사건에 대체 무슨 가짜뉴스가 있겠나 싶기도 했다.

그럼에도 계속 눈에 밟히는 아이템들이 종종 있다. 잘 안 풀릴 것 같지만 꼭 해봐야 할 것 같은 강한 끌림이 있는 아이템들. 보통은 엄청난 좌절을 맛보지 않는 한 그런 아이템들을 끝까지 붙들어보게 된다(그러면서 매일 후회한다). 누군가 '해서 후회하는 것보다 하지 않아서 하는 후회가 더 고통스럽다'라고 말했다. 대림동 여경 사건도 왠지 그런 느낌이 드는 아이템이었다. 그래서 일단 사건에 관해 물어보기나 하자는 심정으로 대림지구대를 향했다. 그리고 관계자에 어떻게 된 일인지 물었다.

"우리 아니에요! 신구로예요! 대림동 아니에요."

당황스러웠다. '대림동 여경 사건'이 대림동이 아니라 '구로동'에서 일어난 사건이라니. 일단 제목부터 잘못된 가짜뉴스였다. 할 말을 잃은 내 앞에서 대림지구대 관계자도 황당하다는 표정을 가득 지었다. 그러면서 그는 지구대로 항의 전화가 빗발치는 통에 고생이 이만저만이 아니라고 했다. 그런데 더 큰 문제가 있었다. 대림지구대 측에서 '대림동 여경 사건'이라고 보도한 언론사에 직접 정정 요청을 했지만, 아무도 들어주지 않았다는 것이었다.

지구대를 나서며 '대림동 여경 사건', 아니 '구로동 경찰 사건'을 꼭 다뤄봐야겠다고 결심했다. 팩트 체크 해볼 부분이 더 많을 것 같다는 느낌이 들었기 때문이다. 구로동과 대림동은 엄연히 다른 지역 아닌가. 물론 요즘처럼 가짜뉴스가 판을 치는 세상에 이 정도 오류가 무슨 대수냐고 생각할 수도 있다. 하지만 대림동이 가지고 있는 기존의 이미지나 편견을 생각해보면 그리 간단한 문제가 아니었다.

실제로 유튜브에는 이번 사건이 '대림동'에서 일어났다는 점을 크게 조명하는 영상들이 많았다. 대림동은 워낙 위험한 동네라 많은 사람이 칼을 가지고 다니는데, 여기서 '대림동 여경'이 취객을 제대로 제압하지 못했다는 사실은 함께 출동했던 남자 경찰이 칼에 맞을 수도 있었음을 뜻한다는 내용이었다. 결국 여경이 취객에게 밀려나는 장면에 대림동이라는 가짜 정보와 편견이 더해지면서 '여경의 무능함'이 더욱 부각되는 상황이었다.

물론 국민의 입장에서는 경찰이 취객에 밀려나는 모습이나 시민에게 도움을 요청하는 모습이 못마땅하게 보일 수 있다. 그리고 국민의 한 사람으로서 '보다 더 강력한 경찰의 모습'을 요구할 권리가 있다고 생각한다. 안전한 나라에서 살고 싶다는데 누가 뭐라고 할 수 있겠는가. 그러니 주취자 대응 방식을 더욱 강력하게 개선하거나, 경찰들이 체력을 키워야 한다는 국민의 요구는 합당하다. 또 경찰 입장에서는 이러한 요구에 응답할 의무가 있다. 국민이 불안을 느끼는 점은 어떤 부분인지, 또 공권력과 현장 대응력을 강화하기 위해 어떤 노력이 필요할지 논의하고 개선해야 할 분명한 책임도 있다.

하지만 대림동 여경 논란의 본질은 여기서 조금씩 벗어나고 있었다. 이미 수많은 사람이 '여경'의 자질을 비난하는 데 열을 올리고 있었다. '여자'이기 때문에, 혹은 '여자인 그 경찰'의 자질이 부족하다는 것. 특히 '여자 경찰'이 '남자 시민'에게 도움을 요청했다는 부분에서는 분노가 극에 달했다. 그리고 이 분노의 화살은 대림동을 넘어 대한민국 여자 경찰 전체를 향하고 있었다. 심지어 '여경 채용을 폐지하자'는 국민 청원까지 올라온 상황. 그렇다면 '대림동 여경', 아니 '구로동 경찰'의 제압 과정에는 정말 그럴 만한 문제가 있었을까?

논란이 된 '대림동 여경 사건'의 영상 중

논란의 중심에는 바로 여자 경찰의 '도움 요청'과 '수갑'이 있었다. 그러니까 '여자 경찰이 남자 시민에게 도움을 요청한 것도 모자라 수갑까지 채워달라고 했다'는 부분이 문제가 됐다. 정말 사실일까? 제압 과정이 모두 담긴 원본 영상을 확인해 봤다. 영상의 중반부에는 분명 여자 경찰이 다소 거칠게 남자 시민에게 도움을 요청하는 장면이 등장했다. 이 부분이 바로 시민들의 마음을 크게 불편하게 만들기도 했다. 하지만 또 한 가지 문제는 바로 그 뒷부분. 영상 중간부터 화면이 블랙으로 나오더니 이후로는 현장의 소리만 들렸다.

남자   채워요?

여자   예, 채우세요. 빨리 채우세요. 빨리 채우세요.

소리만 들리는 어두운 화면에서 상황의 다급함이 느껴졌다. 어떤 남성이 "채워요?"라고 묻자 어떤 여성이 "채우세요"라고 대답했다. 질문을 한 남자는 누구였을까? 앞뒤 상황을 바탕으로 추측해보면 아무래도 여자 경찰의 부탁을 받은 '남자 시민'일 확률이 높아 보였다. 정말 여자 경찰은 시민에게 수갑을 대신 채워달라고 요구했던 것일까? 관련 내용을 보도했던 뉴스를 확인해봤다.

SBS의 보도 내용과 MBC의 보도 내용을 확인해 보니, 완전히 다른 내용으로 자막이 달려 있었다(KBS는 해당 부분을 편집하고 다루지 않아 '불편한 진실을 숨겼다'는 또 다른 비판에 직면해야 했다). 우선 SBS에 따르면 수갑을 채우냐고 되물었던 사람은 역시 남자 시민이었다. 그리고 수갑을 채워달라고 대답한 사람은 여자 경찰이었다. 추측했던 그대로였다.

반면 MBC 보도는 내용이 조금 달랐다. MBC에서는 남자 시민이 아니라 '교통경찰'이라는 존재가 새롭게 등장했다. 즉 지원 요청을 받고 합류한 교통경찰이 주취자 제압과 수갑 채우는 과정을 도왔다는 내용이었다. 그 뒷부분도 달랐다. 여자 경찰이 아니라 '여자 시민'이 경찰들에게 수갑을 빨리 채우라고 말했다는 것이었다.

분명 여자 경찰이 도움을 요청한 것은 사실이었다. 하지만 도움을 청한

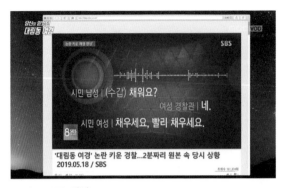

SBS 뉴스 보도 화면

MBC 뉴스 보도 화면

대상이 동료 경찰이냐 일반 시민이냐는 차이가 있다. 더 효과적인 제압을 위해 동료 경찰들끼리 도움을 주고받는 것은 흔히 있는 일이기 때문이다. 하지만 SBS 보도에 따르면 여자 경찰은 경찰의 상징과도 같은 수갑을 시민에게 넘겼다. 이는 분명 아쉬움을 느끼게 할 수 있는 장면이다. 또 MBC 보도에 따르면 경찰이 시민에게 수갑을 채울지 말지를 물어보는 수동적인 태도를 보인다. 뿐만 아니라 여자 경찰은 제압 과정에서 아무것도 하지 않은 것처럼 보인다. 이 역시 강력한 경찰의 모습을 바라는 국민의 입장에서는 매우 실망스러울 수 있다.

실제 이런 내용의 보도들이 주를 이루다 보니, 다수의 네티즌은 여자 경찰이 남자 시민에게 도움을 요청했고 그 시민에게 수갑까지 건넨 것으로 믿고 있었다. 그리고 이 과정에서 여자 경찰은 제 역할을 전혀 하지 못했다는 의견이 지배적이었다. 특히 많은 유튜버들은 이런 내용을 바탕으로 여경 전체를 비난하는 신랄한 영상을 제작해 올리고 있었다. 수갑도 혼자 못 채우는 여자 경찰은 필요 없다는 내용이 대부분이었다. 수십만 명의 구독자들은 이들의 영상에 공감하며 함께 분노하기도 했다. 그리고 분노는 혐오로 이어지며 '여경 무용론'으로까지 확산됐다.

대림동 여경 사건 관련 유튜버의 영상 중 캡처

하지만 놀랍게도 SBS와 MBC 뉴스 모두 틀렸다. 이 사건이 논란이 되자 당시 지원을 나갔던 교통경찰이 모 라디오 프로그램 인터뷰에서 "채워요?"라는 목소리의 주인공이 자신임을 밝힌 것이다. 이 교통경찰이 현장에 출동했을 때는 이미 두 경찰이 취객을 완전히 제압한 상태였고, 자신은 수갑 채우는 것만 도왔다고 했다.

우리는 정확한 사실을 확인하기 위해 이 교통경찰의 목소리와 영상 속 "채워요?"의 음성을 비교 분석했다. 그 결과 원본 영상 속 목소리는 교통경찰의 목소리와 동일함을, 즉 교통경찰의 증언이 사실임을 확인할 수 있었다. 또 "채우세요"라고 말한 목소리는 시민 여성이 아니라 여자 경찰의 목소리로 밝혀졌다.

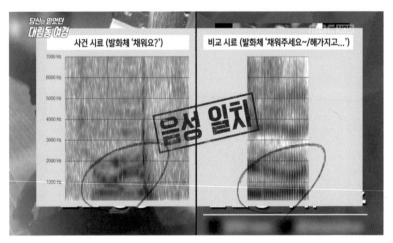

영상 속 목소리와 교통경찰의 음성 분석 결과

취재한 내용과 당시 112 신고 접수센터 관계자의 증언을 토대로 그때 상황을 정확히 정리해봤다. 우선 이 사건은 대림동도 아니고 구로동에서 일어난 사건이었다. 40~50대의 주취자 2명(일부 기사에서는 '노인'으로 표현되어 있는데, 이 기사는 여경이 술에 취한 노인도 제압하지 못한다는 비난의 근거로 활용됐다)이 술을 많이 마시고는 술값을 안 내고 오랫동안 소란을 피우는 바람에 식당 직원이 경찰에 신고했다.

신고 접수센터 관계자에 따르면, 하룻밤 사이 구로동에서 접수되는 112 신고만 300건이 넘는데, 그중 이와 비슷한 주취 시비 신고가 절반이 넘는다고 한다. 그러니까 '대림동 여경 사건'과 비슷한 사건이 하룻밤 사이 150건이 넘고, 이 사건 또한 그 수많은 신고 중 하나였다는 것이다. 그리고 영상 속 상황이 벌어졌다. 출동했던 경찰들이 취객에게 뺨을 맞았으며, 실랑이 끝에 이들을 제압해 체포했다. 종합해보면 이 사건은 '구로동 주취자 경찰관 폭행사건'으로 정정해야 할 것 같았다.

이렇게 명료한 사실을 두고 수많은 뉴스들이 정확한 사실을 전달하지 못했다. 지명도 틀렸고, 논란을 키웠던 경찰의 제압 과정에서도 엉터리 자막을 내보냈다. 모두 전화 몇 통이나 간단한 취재만으로도 확인이 가능한 내용이었는데 말이다. 처음부터 언론이 해당 사건의 본질만, 그리고 정확한 사실만 전달했다면 어땠을까? 또 비판해야 할 부분을 명확히 비판했다면 어땠을까? 지금보다 훨씬 더 의미 있는 논의가 많이 이루어지지 않았을까? 그리고 이토록 극렬한 사회적 갈등은 막을 수 있지 않았을까?

여자 경찰이든 남자 경찰이든 잘못한 부분이 있다면 응당 합당한 비판을 받거나 책임을 져야 한다. 다만 그 책임은 정확한 사실을 토대로 물어야 한다. 또한 이 사건이 지금처럼 심각한 성 대결 문제로 확산될 만한 사건이었는지 다시 한 번 생각해볼 필요가 있다.

무엇보다 큰 문제는 이렇게 젠더 갈등이 폭발하고 여경 무용론까지

나온 상황에서도, 언론은 자신들의 오류를 정정하거나 관련 문제에 대해 전혀 사과하지 않고 있다는 점이다. 앞서 말했듯 가짜뉴스는 마치 좀비 같아서 쉽게 정정되거나 삭제되지 않는다. 그래서 지금 이 순간에도 이 '대림동 여경' 뉴스는 온라인에 그대로 존재하고, 누구나 언제든 쉽게 검색해서 볼 수 있다. 만약 대림동 여경 사건에 대해 잘 몰랐던 사람이 지금 관련 기사를 검색해본다면, 아마도 여경에 대한 똑같은 편견과 불편한 시선을 갖게 될 것이다.

그뿐 아니라 언론은 남자 경찰을 일컬어 '남경'이라는 표현은 사용하지 않으면서 여자 경찰은 굳이 '여경'이라고 지칭하고 있다. 이것이 성차별적 표현이라는 것을 잘 알면서도 매일 쏟아내는 경찰 관련 기사에 '여경'이라는 단어를 포함시키고 있다. '여경'은 분명 클릭을 유도하는 자극적인 키워드이며, 그 말을 씀으로써 사건의 본질보다 경찰의 성별에 더 주목하게 만든다. 그리고 어떤 식으로든 젠더 갈등을 유발한다. 그러니 이토록 뜨거워진 대한민국의 '여경 논란'에는 정확한 정보와 의미 있는 뉴스를 전달하지 못하고 젠더 갈등만 유발한 '언론'의 책임이 크다고 할 수 있을 것이다.

이처럼 젠더 갈등을 부추기는 기사나 제목부터 잘못된 황당한 가짜 뉴스들이 사람들에게 얼마나 큰 편견을 심어주는지, 그리고 이 편견은 사람들의 머릿속에 얼마나 단단하게 자리 잡게 되는지 제대로 보여주고 싶다는 생각이 들었다. 그래서 '여경'이 등장하는 다른 기사들도 샅샅이 찾아봤다. 그랬더니 여경과 피트니스 모델의 전투력을 비교하는 기사부터 여자 아이돌과 체력을 비교하는 기사까지 다양한 기사들을 볼 수 있었다. 그러던 중 시선을 사로잡는 또 하나의 기사를 보게 됐다. 바로 '관악구 여경 사건'이었다.

'관악구 여경 사건' 기사

이 사건은 관악구 모 초등학교 앞에서 흉기를 든 어떤 남성이 경찰들과 대치했던 난동 사건이었다. 특히 하교 시간 직전에 벌어졌기에 자칫 아이들이 위험할 수 있었던 매우 아찔한 사건이었고, 실제 제압 과정에서 경찰 한 명이 흉기에 부상을 입는 안타까운 일이 발생하기도 했다. 문제는 이번에도 '여경'이었다. 여러 명의 남자 경찰들이 이 범인과 아슬아슬하게 대치하고 있는데 함께 출동했던 여경들은 휴대전화 만지거나 팔짱을 끼고 멀뚱멀뚱 구경만 했다는 것이었다. 관련 기사들은 이런 논란을 다루고 있었고, 유튜브에도 '여경은 구경꾼'이라는 내용의 비난 영상들이 올라오고 있었다.

뒤에서 팔짱을 낀 채 구경만 했다는 '관악구 여경'

사건이 발생했던 동네를 취재해보니, 당시 사건을 목격했던 동네 주민들이나 관련 뉴스를 접했던 사람들도 모두 해당 여경을 비난하고 있었다. 특히 팔짱을 끼고 있었다는 점에 매우 불만이 컸다. "왜 위험한 일은 항상 남자들이 하고, 여자들은 아무것도 하지 않느냐"는 것이었다. 여자 경찰은 뽑을 필요가 없다고 생각하는 시민들도 많이 만날 수 있었다. 우리는 곧장 관할 지구대를 찾아갔다. 이러한 분위기를 전하고 해당 여경의 입장을 들어보고 싶어서였다. 하지만 이번에도 당황할 수밖에 없었다.

"아니에요. 이분 우리 경찰 아니에요."

'팔짱 낀 여경'이 지구대 소속 여경이 아니라는 것이었다. '대림동'에 이어 또 한 번의 충격이었다. 지구대 경찰들에 따르면 안 그래도 '경찰

모자와 비슷하게 생긴 모자를 쓰고 있었던 이분' 때문에 논란이 있었는데 아무래도 '녹색어머니'인 것 같다고 했다. 하지만 정확히 누구인지는 확인할 수 없었고 본인들도 누구인지 궁금하다고 했다.

슬슬 '관악구 여경 사건'에서도 가짜뉴스의 냄새가 풍기기 시작했다. 하지만 경찰들도 이분의 정체를 알 수 없는 상황. 유일한 단서라고는 이 '팔짱 낀 여경'의 흐릿한 영상 캡처뿐이었다. 이럴 때 팩트 체크를 하는 방법은 한 가지뿐이다. 그냥 직접 찾아보는 것이다. 그래서 우리는 이 사진 한 장을 들고 온 동네를 찾아다녔다. 말 그대로 서울에서 김 서방 찾기였다.

이 사진 한 장으로 '관악구 여경'을 찾아야 했다.

아무래도 얼굴이 잘 보이지 않는 사진인 데다 화질도 떨어지다 보니 '팔짱 낀 여경'의 주인공을 찾기란 쉽지 않았다. 하지만 이분의 정체를 밝힐 수만 있다면 가짜뉴스의 생산과 유통, 그리고 그 피해까지 모든 과정을 확실하게 보여줄 수 있을 것 같았다. 그렇게 일주일 정도 지났을까. 푹푹 찌던 어느 날, 이 '팔짱 낀 여경'의 주인공을 알고 있다는 사람을 어렵게 만날 수 있었다. 그런데 이 주인공의 정체 또한 굉장히 충격적이었다.

'팔짱 낀 여경'의 실제 인물은 경찰도 아니고, 여성도 아니고, 바로 '60대 남성'이었기 때문이었다.

당신이 믿었던 '관악구 팔짱 낀 여경'의 실제 인물

그저 허탈한 웃음만 나올 뿐이었다. 함께 촬영을 나갔던 스태프들과 며칠 동안 우리를 지켜봤던 동네 주민들, 그리고 이 60대 남성, 모두 마찬가지였다. 그토록 많은 사람이 비난했던 무책임한 '팔짱 낀 여경'이 다름 아닌 본인들의 이웃이자 머리가 긴 남성이었다니…… 다들 말을 잇지 못했다. 결국 '팔짱 낀 관악구 여경 뉴스'는 순식간에 퍼져 나가 단단히 뿌리내리는 가짜뉴스의 위험성을 제대로 느끼게 해준 황당한 에피소드였을 뿐이었다. 그리고 믿고 싶은 대로 믿게 되고, 보고 싶은 것만 보게 되는 편견의 실체를 보여준 웃지 못할 촌극으로 끝나고 말 았다.

언론과 각종 미디어들은 이미 오랜 시간 동안 '여경'이라는 성차별 적 표현을 의도적으로 남발해왔다. 그뿐 아니라 사실 확인조차 되지 않 은 기사들을 복제해내면서 불필요한 오해와 과도한 사회적 갈등을 유 발하기도 했다. 여기에 더해 또 많은 사람들은 이런 잘못된 뉴스들을 소재로 자극적인 콘텐츠를 생산해냈다. 그리고 각종 SNS와 유튜브를 통해 더욱 빠르게 '여경 뉴스'를 확산시켰다. 이 과정에서 왜곡과 과장 이 달라붙는다. 이 바닥에서는 자극적이고 공격적이어야 살아남을 수 있기 때문이다. 그러는 사이 팩트는 누더기가 되고, 의미 있는 기사는 찾아볼 수도 없는 구석으로 밀려난다.

하나의 뉴스를 만들어내는 것이 너무나도 쉬워진 세상이다. 그리고 누구나 뉴스를 만들어낼 수 있는 다매체 시대다. 하지만 그렇게 탄생한 뉴스에 오류가 있을 때 그 잘못을 바로잡아 사람들의 오해를 풀기까지 는 수십 번의 정정보도로도 부족하다. 얼마나 많은 시간과 비용이 들지 는 예측하기도 어렵다.

'대림동 여경 뉴스' 취재를 마무리하면서, 혹시 사실관계를 바로잡

거나 의미 있는 후속 보도가 나왔는지 검색해봤다. 하지만 여전히 이런

기사들만 눈에 띌 뿐이었다.

여성 혐오 가짜뉴스의 피해자, 배우 반민정

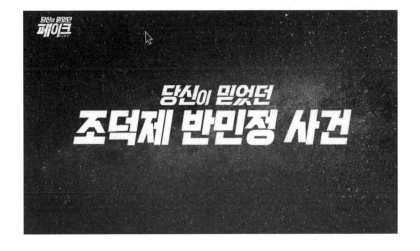

1972년 영화 〈파리에서의 마지막 탱고〉에서 우연히 만난 폴(말론 브란도)과 잔느(마리아 슈나이더)는 아파트에서 섹스를 한다. 2013년, 감독은 이 장면을 두고 "배우와 합의되지 않은 것이었다"고 털어놨다. 그리고 "죄책감을 느끼지만 후회하지는 않는다"라고도 했다. 마리아 슈나

이더는 2007년 인터뷰에서 "나는 강간을 당했다고 느꼈다. 그 장면은 시나리오에 없었다"고 말했다. 촬영 당시 마리아는 19살이었다.

배우 반민정 사건 – 2015년 4월 16일부터 1246일 동안의 이야기

2018년 9월 13일, 배우 반민정 씨의 첫 실명 공개 기자회견

"저는 2015년 4월, 영화 촬영 현장에서 상대 배우인 조덕제로부터 강제추행을 당했고, 그해 5월 (경찰) 신고 후 지금까지 40개월을 싸웠습니다. 그 결정으로 40개월 동안 저는 너무 많은 것을 잃어야 했습니다."

배우 반민정 씨에게는 한국 영화 제작 현장이 49년 전 〈파리에서의 마지막 탱고〉의 상황과 크게 다르지 않다. 그녀는 2015년 영화 촬영 도중 강제추행을 당했다. 합의되지 않은 장면이었다.

2015년 4월 16일, 그녀의 모든 삶이 멈췄다. 그날은 영화 〈사랑은 없다〉의 13번째 장면 촬영 날이었다. 영화는 김보성, 반민정 주연의 휴먼 드라마로, 노출 신은 없다고 했다. 문제의 13번 장면은 피해자(반민정)가 상습적인 가정폭력에 시달리고 있다는 걸 보여주기 위해 남편(조덕제)이 아내(반민정)를 벽으로 밀어붙이는 상황이었다. 허리 이상으로 앵글이 맞춰지고 피해자의 등 부분에 멍이 보이는 모습을 잡을 예정이었다. 폭력, 신체적 노출, 성행위는 합의되지 않았다. 그러나 촬영이 시작됐을 때, 조덕제는 예정에 없던 연기를 강행했다. 반민정의 티셔츠를 절반 이상 찢어서 등 부위를 대부분 노출시키고 가슴 부위를 여러 번 만지며 추행하기 시작했다. 브래지어 끈까지 끊고 바지 앞쪽으로 손을 넣기까지 했다.

중요한 신이었기에 반민정 씨는 마음대로 촬영을 중단할 수 없었고, 그 상태로 성추행 연기를 마쳤다. 나중에 조덕제는 자신이 연기에 몰입한 것 같다고 해명했지만, 반민정 씨는 강제추행의 악몽에서 벗어날 수 없었다. 그녀는 조덕제를 강제추행 혐의로 고소했다. 그때부터 조덕제가 유죄 판결을 받기까지 40개월이라는 시간이 필요했다.

2016년 12월 2일, 1심에서는 조덕제에게 무죄를 선고했다. "조 씨가 반 씨의 신체를 만지긴 했지만 연기에 해당하기에 처벌할 수 없다. 또한 감독과 피고인이 충분한 해명 또는 사과를 하지 않아 피해자가 억울한 마음에 상황을 다소 과장하여 표현한 것으로 보이며, 이를 그대로 믿기 어렵다"는 것이 무죄 판결의 취지였다. 하지만 2017년 10월 13

일, 2심에서는 유죄가 나왔다. "감독의 연기 지시에 충실히 따른 것이라 거나 정당한 연기 과정에서 이루어진 것으로 볼 수 없다. 조 씨의 행동 은 반 씨와 합의된 것이 아니라는 점을 강조, 정당한 연기라고 볼 수 없 고, 피해자에게 정신적 충격과 성적 수치심을 느끼게 했다"라고 판단했 다. 조덕제에게는 징역 1년에 집행유예 2년, 40시간 성폭력 치료 강의 수강을 명령했다. 그날 이후 유죄 판결까지 1246일이 걸린 것이다.

하지만 판결 후에도 가해자의 2차 공격은 계속됐다. 조덕제는 "잘못 된 세력들, 전에 없던 남혐, 여혐이라는 사회갈등 구조를 양산한 일부 여성단체들을 색출해 없애야 한다. 또 다른 희생자가 나오지 않도록 힘 을 모으기 위해 카페도 만들었다. 그 누구라도 억울한 희생양이 될 수 있다"고 주장하기도 했다. 조덕제의 아내는 "대한민국 500만 페미니즘 플러스 갱년기 아줌마들의 공공의 적"이라고 자신을 소개하고 나섰다. 성추행 사건이 젠더 갈등과 여혐 문제로 논란을 일으키게 된 것이다.

언론의 2차 가해가 시작되다

1심 재판 과정에서 조덕제 측 변호사는 반민정에게 '기망의 습벽'이 있다고 주장했다. 일반인들과 달리 남을 자주 속이며 작은 일도 상당히 과장해서 표현하는 경향이 있다는 것이다. 그 근거로 반민정 씨의 '식 당·병원 사건'에 관한 기사를 활용했다.

식당·병원 사건은 성추행 사건이 일어나기 몇 개월 전의 일이다. 2014

년 12월, 반 씨가 한 식당에서 밥을 먹고 배탈이 나서 병원에 갔는데, 수액을 맞던 중 간호사가 잠시 병원 문을 닫고 자리를 비웠다. 그사이 반씨는 수액 줄로 피가 역류하는 바람에 119에 신고를 했다. 의료과실로인한 피해를 입은 반 씨는 300만 원의 배상금을 받았는데, 이 사건이 1년반이 지나 뜬금없이 문제의 기사로 알려졌다.

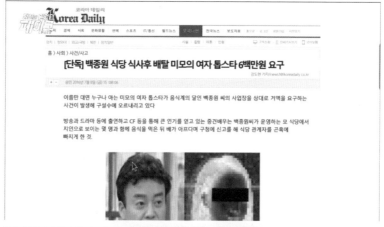

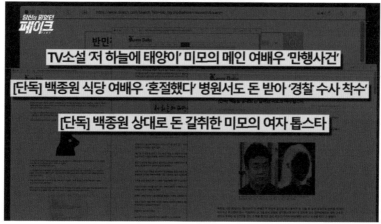

반민정 씨를 음해하는 '코리아데일리'의 가짜뉴스들

가짜뉴스 내용을 요약해보자면, '반민정이 2014년 12월, 한 식당에서 국수를 먹고 배탈이 났다고 주장하며 식당에 배상을 요구했다. 위생검사 결과 아무 문제가 없고 다른 고객들은 증상이 없었지만, 반민정은 국수가 문제라고 우기면서 합의금으로 600만 원을 요구했다. 식당은 반민정에게 218만 원의 합의금을 주었다. 그리고 병원에서 수액을 맞던 중 의료과실로 합의금 300만 원을 받았다'는 것이었다.

조덕제가 증거로 활용한 기사의 제목과 본문에는 '갈취 여배우, 갑질 만행, 목돈 챙겨'와 같은 표현이 쓰였다. 조덕제는 이 기사를 이용해서 반 씨가 마치 보험 사기꾼인 양 오해를 불러일으켰다. "식당과 병원에서 돈을 뜯어내던 여배우가 이젠 성희롱을 당했다고 주장하고 있다"는 것이 조 씨 측 입장이다.

가짜뉴스는 어떻게 만들어졌나?

[단독] 백종원 상대로 돈 갈취한 미모의 여자 톱스타 2016. 7. 8.

[단독] 백종원 식당 여배우 '혼절했다' 병원서도 돈 받아 경찰 수사 착수 2016. 7. 29.

백종원 식당 여배우 근거자료(?) 내세워 이중으로 목돈 챙겨 2016. 8. 1.

TV소설 <저 하늘에 태양이> 미모의 메인 여배우 만행 사건 2016. 8. 17.

1심이 진행 중이던 2016년 7월 8일, 인터넷 신문 '코리아데일리'에서 위와 같은 기사를 게시했다. 7월 29일, 8월 1일, 8월 17일 연속해서 허위기사가 올라왔고, 이 가짜뉴스는 일베, 오늘의 유머, 디시인사이드,

MLB파크 등 각종 인터넷 커뮤니티에 공유되며 확산되기 시작했다. 전부 조덕제의 성폭력 사건을 덮기 위한 기사들이었다.

기사를 작성한 사람은 대중에게 익숙한 개그맨 출신 이재포와 그의 매니저였다. 1983년 MBC 개그콘테스트를 통해 데뷔했던 이재포는 2006년 한 인터넷 언론사 정치부 기자로 전향해 편집국장을 지냈다. 조덕제와 이재포는 영화에 같이 출연한 인연으로 친분을 쌓았다.

조 씨의 강제추행 혐의에 대한 1심 재판이 진행되던 2016년 6월, 이재포는 인터넷 언론사 코리아데일리의 편집국장으로 취임했다. 이때 그의 매니저 김 씨도 같이 입사했는데, 기자 경력이 전혀 없었던 매니저 김 씨는 3일 교육을 받고 기자가 됐다. 이재포와 김 씨는 코리아데일리 입사 전부터 조덕제 부부와 만나 강제추행 재판 대응을 공동 모의했다. 그리고 공판 과정에서 위 기사와 관련된 내용을 언급하기로 약속했다. 그들은 퇴사 전까지 6개월간 반민정에게 불리한 기사만 집중해서 썼다. 가해자 조 씨를 '공갈·협박의 피해자'로 둔갑시키기 위해 언론을 이용한 것이다.

범행을 기획하고 주도한 이재포는 자신의 매니저 김 씨를 기자로 취직시켜 범행을 지시했는데, 김 씨는 이재포의 지시를 따르는 단순 역할에 그치지 않고 반민정 씨에 관해 '경찰수사 착수'라는 제목의 허위기사를 쓴 후, 경찰서에 본인이 직접 진정서를 제출해 본인이 작성한 기사 내용을 맞추기까지 하였다. 이재포는 법정에서 "조덕제 재판 과정에서 반민정 씨에 대한 흠집 내기가 목적이었다"고 자백했다.

코리아데일리 대표는 이재포가 기자 5명을 동원해 반민정 씨 기사를 썼다고 했다.

언론의 가해는 계속된다

항소심 판결 직후인 2017년 10월 25일, 디스패치는 '조덕제 사건, 메이킹 단독 입수… 겁탈 장면 분석'이라는 기사를 걸고 조덕제를 옹호하기 시작했다. 당시 디스패치의 기사를 보면 "조덕제가 성추행 배우의 명예를 짊어졌다. 실제 추행을 저지른 배우로 낙인찍혔다. (…) 증거 없는 싸움이다"라고 보도했다. 영화 메이킹 영상과 사고 영상을 분석한 자료를 내놓기도 했다. 이때까지 언론에 공개하지 않았던 여배우의 얼굴과 실명이 노출됐고, 전문가 의견을 바탕으로 '성추행이 아닌 것으로 보인다'는 내용의 기사가 실렸다. 이 기사를 바탕 삼아 2주간 800여 개 이상의 기사들이 쏟아져 나왔다. 대부분 취재 없이 베껴 쓴 기사들이었다.

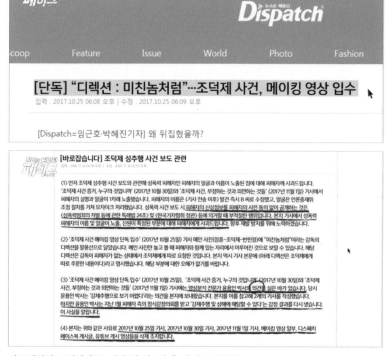

디스패치의 조덕제 옹호 기사(위)와 1년 후 정정보도(아래)

디스패치는 결국 기사가 나가고 1년 후(2018년 11월 16일) 사과했다. 디스패치는 성폭력특별법 위반 및 명예훼손으로 피소돼 형사조정을 거쳐, "조덕제 성추행 사건 보도와 관련해 성폭력 피해자의 얼굴과 이름이 노출된 점에 대해 피해자에게 사과드린다"며 홈페이지에 사과문을 올렸다. 영상 분석도 사실과 다르다고 해명했고 관련 기사도 모두 삭제했다.

> "어떤 피해자가 자기가 당한, 잊혀지고 싶은 그런 장면들을, 그것도 언론이라는 곳을 통해서 온 천하에 공개가 됐으니…… 정말 어떻게 언론이 이럴 수가 있지? 어떻게 이런 일을 자극적으로 왜곡해서 보도할 수 있지? 정말 죽고 싶었어요."
>
> _반민정 씨

판결은 났지만… 피해자를 향한 끝나지 않는 혐오 발언과 2차 가해

2018년 10월 14일, 27개월 정도 끌어온 이재포, 김 씨 사건도 항소심 결과가 나왔다. 매니저 김 씨는 징역 1년, 이재포는 징역 1년 6개월을 선고받았다. 이재포는 항소심에서 형량이 늘어났다. 재판부는 "이재포, 김 씨가 작성한 기사들이 지인 조덕제의 적극적인 협조 아래 작성, 유포되었기 때문에 공익적 목적이 아니다. 사적 목적으로 만들어진 가짜뉴스이고 언론을 이용한 성폭력 피해자에 대한 2차 가해 사건이다"라고 비판했다. 재판부는 판결문에서 "피고인들은 성범죄 재판을 받고 있는 지인에게 도움을 주기 위하여, 오로지 피해자의 명예 등 인격을 훼손하기 위한 목적으로 피해자의 과거 행적을 조사한 후, 2년이나 지난 일들에 관하여 허위의 기사들을 반복해 작성했다"고 판시하며 "죄질이 좋지 않다"고 강조했다. 특히 재판부는 "언론을 악의적으로 이용해 언론의 신뢰를 훼손했고, 수많은 언론인들의 자긍심을 훼손시켰다"고도 했다.

배우 반민정 씨가 성추행을 당하고, 가해자가 처벌받기까지 오랜 시간이 걸렸다. 대법원 판결은 났지만 여전히 피해자가 고통받는 비상식적인 상황이 이어졌다. 조덕제는 여러 인터뷰를 통해 "대법원 판결을 받아들이되 결코 인정할 수 없다"며 공개 반발하고 나섰다. "문제 영상 전체를 공개합시다. 진실이 밝혀질 겁니다"라며 SNS, 유튜브 등을 통해 문제의 영화 장면 영상을 올리며 억울함을 주장하고 있다. 하지만 조 씨가 올린 영상은 성추행하기 전 장면과 뒷장면, 반 씨가 맞는 장면이었다. 성추행과는 전혀 관련 없는 영상을 올리고는 성추행이 아니라며 강조하는 것이다.

"사고 앞 장면을 올리고 뒤의 장면을 올리고, 점점 저의 숨통을 조여오는 것 같아요. 사고 장면을 올리면 어떡하지? 굉장히 불안하고 고통스럽고…… 보시는 분들은 마치 영화라고 생각을 하고 볼 수 있지만, 그건 실제로 제가 당하는 장면이기 때문에 저 자신한테는 너무나 끔찍하거든요."

_반민정 씨

그가 유튜브에서 운영하는 조덕제TV 구독자 수는 1만 명이 넘는다. 올린 영상은 300개 이상이다. 다른 유튜버들은 그가 올린 영상을 자신의 유튜브에서 다시 공개한다. 문제는 그때마다 피해자인 반민정 씨가 계속 소환된다는 것이다.

유명 유튜버의 채널에 직접 출연해 사건을 이야기하는 조덕제.

대한민국에는 표현의 자유가 있다. 조덕제가 끊임없이 자신의 억울함을 호소하는 것은 분명 그의 자유다. 다만 자유에는 책임이 따른다. 표현의 자유에는 혐오의 자유가 결코 포함되지 않는다. 성폭력 피해자에 대한 2차 가해는 말할 나위도 없다.

(무죄 판결 이후) 여성단체가
1월부터 개입이 시작되고 나서

결국은 이 재판을 뒤엎는데 큰 역할을 했다고 보이고요

　피해자에 대한 2차 가해와 혐오 발언은 당장은 구독자와 조회 수를 늘릴지 모르지만, 부메랑이 되어 다시 돌아올 수 있다. 그의 주장을 옮긴 매체와 사람이 구속되고 사과문을 쓰는 일이 늘어나는 것을 보면, 언론의 책임이 중요하다는 걸 다시금 느낀다. 부메랑이 되어 돌아오기 전에 2차 가해와 혐오를 멈춰야 한다.

"언론이 괴물 같아요." 이 사건의 주요 가해자는 바로 언론

저는 가짜뉴스의 피해자입니다

이제 벗어나고 싶습니다

반민정 씨는 "사건 이후 4년 넘게 친구도 못 만나고 여행도 못 다니며 그들이 원하는 '피해자다운 생활'을 했는데 아직도 일상으로 돌아가지 못하고 있다. 피해자라는 주홍글씨가 어딜 가도 나를 따라다니는 느낌"이라고 말했다. 반 씨를 변호하는 이학주 변호사는 "이런 식의 2차 피해는 명예훼손 혐의로만 처벌할 수 있다 보니 벌금형에 그친다"며

"가중처벌하는 입법이 필요하다"고 주장했다.

이 사건은 언론과 미디어가 피해자에게 어떤 2차 피해와 고통을 주는지를 잘 보여준다. 대다수의 성폭력 피해자들이 여전히 침묵을 선택하는 이유이기도 하다.

PART5. 🔍

FAKE NEWS

가짜
뉴스와
혐오

01

불편한 진실은 거짓 뒤에 숨는다 : 어느 괴담녀의 거짓말 같은 일생

뉴스는 한 사람의 인생을 송두리째 흔들 수 있다. 분명 그러고도 남을 일이다. 한 번 퍼져 나간 거짓은 쉽게 잡히지 않는다. 1개의 가짜뉴스를 바로잡기 위해서는 10개, 100개 이상의 정정보도로도 부족하다. 하지만 이미 많은 사례에서 봐왔듯이 거짓을 바로잡는 진실은 인기가 없다. 문제는 이런 비극적인 일이 남의 일이라고 생각하는 사람들이 많다는 것이다. 가짜뉴스는 그런 틈을 비집고 퍼져 나가고, 또 다른 가짜뉴스의 씨앗이 되기도 한다. 가짜뉴스는 사람들의 '설마?' 하는 마음을 먹고 자란다.

또 한 편의 방송을 앞두고 고민이 깊어졌다. 어떻게 하면 가짜뉴스의 위험성을 제대로 보여줄 수 있을까. 어떤 아이템을 잡아야 사람들이 가짜뉴스의 심각성에 조금이라도 관심을 가지게 될까. 온갖 뉴스를 샅샅이 뒤져봐도 특별히 눈에 들어오는 아이템이 없었다. 그런데 힌트는 의외의 곳에 숨어 있었다. 바로 방송 예정일이었다. 나의 다음 방송일은 '4월 15일'이었다.

생각은 자연스럽게 진도 팽목항으로 내달렸다. 304명을 떠나보내야 했던 그날의 비극. 그 뒤에는 무책임하게 쏟아져 나온 수많은 뉴스가 있었다. 분명 세월호 참사에는 언론의 책임이 컸다. 세월호 참사와 가짜뉴스에 대해 되짚어본다면 의미 있는 방송을 제작해볼 수 있으리라는 생각이 들었다. 그때, 문득 머리를 스치는 이름이 하나 있었다. 바로 홍가혜였다.

2014년 4월 18일, MBN과 인터뷰 중인 홍가혜 씨

참사로부터 5년이 지난 시점(홍가혜 씨 취재는 2019년 초에 이루어졌다)에서 홍가혜라는 인물을 다시 생각해봤다. 그녀는 어떤 사람으로 기억되는가. 솔직히 내 머릿속에는 '인터뷰 한번 잘못했다가 크게 고생한

사람'으로 남아 있었다. 그 이후 사실을 바로잡는 기사들, 그녀의 억울한 심정을 담은 기사들도 분명 본 것 같긴 한데, 크게 기억에 남지는 않았던 것 같다. 홍가혜 씨는 지금 어떤 삶을 살고 있을까. 그리고 당시 그녀에게 어떤 일이 있었던 것일까. 궁금했다.

어렵게 홍가혜 씨를 만났다. 처음 만났을 때의 느낌은 정말 오랫동안 잊지 못할 것 같다. 분명 처음 만나고 처음 대화를 나누는 사람인데, 마치 아주 오래전부터 알고 지낸 사이처럼 느껴졌으니까. 기분이 묘했다. 아마 홍가혜 씨가 각종 미디어와 뉴스에 자주 그리고 또 많이 등장해 접할 기회가 많았기 때문이리라. 이 생각을 하니 무거운 죄책감이 들었다. "홍가혜는 이런 사람이다, 저런 사람이다." 우리는 지난 5년 동안 그녀에 대해 잘 알지도 못하면서 잘 아는 척을 했다.

홍가혜 씨는 우리와의 만남을 망설였다. 그녀의 삶 전체를 뒤흔들어 놓은 '언론' 아닌가. 불편해하는 마음을 충분히 이해할 수 있었다. 우리가 만났던 그날도 홍가혜 씨는 재판을 앞두고 있었고, 변호사와 수시로 통화하느라 많이 지쳐 보였다. 그런 모습을 보고 있자니 자꾸 미안한 마음만 차올랐다. 그렇지만 나는 염치도 없이 인터뷰를 부탁했다. 가짜뉴스에 대한 의미 있는 방송을 기획하고 있다고, 가짜뉴스가 얼마나 위험한 것인지 알리고 싶다고. 고민하는 홍가혜 씨의 곁으로 이제 막 걷기 시작한 딸아이가 아장아장 걸어왔다.

며칠 뒤 우리는 어느 작은 카페에서 다시 만날 수 있었다. 큰 창 밖으로는 노을이 지고 있었다. 긴장하는 그녀에게 나는 따뜻한 차 한 잔을 건넸다. 홍가혜 씨는 정면에 세워둔 카메라를 불편해했고, 왔다 갔다 하는 여러 대의 카메라를 보며 두통을 느꼈다. 나는 카메라 수를 최소화하면서 최대한 멀리서 또 숨어서 촬영하도록 했다. 그리고 마음이 충분히 편안해질 때까지 우리는 이런저런 대화를 나눴다. 금세 창밖이 어두워지기 시작했고, 조금씩 표정이 차분해지는 홍가혜 씨에게 나는 조심스럽게 첫 번째 질문을 건넸다.

PD   시간을 한번 돌려볼게요. 2014년 4월, 세월호 참사가 있었고 진도에 내려가셨죠? 그때 어떻게 가시게 됐고 왜 가셨는지 여쭤보고 싶어요.

홍가혜   당시 여행을 갔어요. 제주도로. 4월 16일 오후였어요. 그런데 친구가 "사고가 났대. 배가 침몰하고 있대!" 이러더라고요. 뭐 별일 아닌 줄 알았죠. 그래서 여행 와서 왜 이런 뉴스를 자꾸 보냐, 그렇게 투닥거렸던 기억도 나요.

다음 날 아침에 묵었던 호텔 앞 전복 식당에 갔어요. 그런데 식당 사장님을 불러도 안 나오시는 거예요. 왜 그런가 했더니 TV에서 눈을 못 떼고 계시더라고요. 그래서 제가 가까이 가서 "전복죽 주세요" 했는데, 계속 TV를 보시며 "어떡해, 어떡해……" 이러시더라고요.

친구도 저도 놀랐죠. 전날 친구가 "배가 침몰하고 있대"라고 말했던 그 사고하고, 저희가 그때 보고 있던 사고가 같은 건이라고는 생각도 못했어요. 핸드폰 보니까 막 난리가 났더라고요. 제가 그 당시에 다른 SNS는 안 하고 '카카오스토리'만 하고 있었는데, 거기에 다이버를 모집한다는 공고가 떴더라고요. '아, 지금 이게 되게 심각하구나, 이 사고가.' 그래서 유심히 보는 와중에 탁 스쳐 지나간 헤드라인이 '고등학생들'이었어요.

'배 안에 많이 갇혔구나. 많은 인력이 필요하겠다' 생각을 했죠. 그래서 그냥 그렇게 지원해서 가게 된 거예요. '전국 다이버들 다 모여라'라는 거였고, 제가 친구한테 "나 여기 가봐야겠다"라고 말하자 친구는 당연히 저한테 화를 냈죠. 여행 중에 왜 가냐고. 제가 설명을 했어요. "내가 다이빙을 몇 년 했으니 뭔가 도움이 되지 않을까? 일단 가서 상황을 봐야겠어." 제가 친구한테 한 말은 그거예요.

친구가 말했어요. "그래, 근데 위험한 건 하지 마." 저도 "응, 알겠어. 일단 가서 상황 보고할게. 연락할게." 그렇게 그 길로 진도에 갔어요. 가는 길에 지금은 희생자가 된 한 학생의 아버지가 쓴 카카오스토리를 보게 됐어요.

"여기 고립이 되었다. 언론에선 이게 안 나간다. 뭐 아무것도 안 하고 있는데, 외부로 이런 사진들이 나가야 된다. 좀 도와달라."

이런 글이 있었고. 거기에 정말 많은 사람들이 'MBN 작가 ○○○입니다. 저희가 방송에 뭐 해드릴 테니 연락 주세요'라고, 사람들이 너도나도 그 작가의 그 댓글을 복사해서 올리고 있더라고요. 다른 댓글로 인해 이 글이 묻힐까 봐서요. '아, 그 아버님 말씀대로 이상한 일이 벌어지고 있는지도 모르겠다. 도와야겠다'는 생각을 했어요. 그래서 제가 거기 남겨져 있던 번호, MBN 작가에게 전화를 걸었죠. 그렇게 처음 MBN 작가랑 연락이 된 거예요. 누구시냐 묻기에 나는 거기서 민간 잠수사 구한다고 해서 자원봉사 활동하러 가고 있는 시민이라고 했죠.

그랬더니 작가분이 "저도 현장 상황이 너무 궁금해서 그런데, 죄송하지만 혹시 내려가서 현장 상황에 대해서 얘기 좀 해주시겠어요?"라고 하더라고요. 그래서 정말 선의로 그 사람 전화 오면 받고 그랬어요. 저도 너무 오래된 일이라 지금 좀 헷갈리는 게 있는데, 내려가는 길이었나 내려가서였나, 아무튼 저한테 인터뷰 요청을 하더라고요. 그래서 제가 "저는 이제 막 도착한 사람이고, 저보다 조금이라도 현장에 더 계셨던 프로 잠수사들에게 요청하시라, 나는 적절하지 않은 것 같다"고 했어요. 그랬더니 "그분들도 당연히 취재를 하고요, 선생님이 지금 말씀하신 부분에 대해서 저희가 인터뷰 요청을 드리고 싶어요. 그럼 제가 다시 전화를 드려도 될까요?"라고 하더라고요. 그래서 전 그냥 "네" 하고 말았죠.

다시 다른 번호로 전화가 왔어요. 그 작가분이 "이건 그냥 방송 작가여서가 아니라 내가 개인적으로 정말 지금 현장이 너무 안타까워서 나도 뭔가 돕고 싶다"면서 '인간적으로'라는 말을 하더라고요. "인간적으로 지금 상황이 너무 안 좋지 않냐. 그 실종자 가족분이 말씀하신 것처럼 외부로 좀 알려져야 하지 않겠냐"며 저를 그렇게 설득하기 시작했는데 판단이 솔직히 잘 안 서더라고요.

홍가혜 씨는 2014년 4월 17일 저녁 9시 팽목항에 도착했다. 현장에는 이미 많은 잠수사들이 모여 있었다.

홍가혜 제가 거기 현장에 있던 잠수사들 몇 명에게 물어봤어요. "이런 인터뷰 요청이 들어왔는데, 인터뷰 하실래요?" 다들 각자의 이유로 거절하더라고요. 그리고 기억나는 건, 거기에서 소위 '대장'이라고 불렸던 분한테 얘기를 했더니 "나는 KBS랑 인터뷰할 건데, 거기선 무슨 얘기로 인터뷰를 해달라 그래?"라고 묻더라고요. 그래서 "'민간 잠수사들을 막고 있다'라고 대장님도 말씀하셨잖아요? 우리 투입 안 되고 있고, 지금 사고 해역에서도 구조활동 안 하고 있다면서요. 그런 부분들 얘기해야 하지 않겠어요?"라고 했죠. 그랬더니 이렇게 말씀하셨어요.

"그걸 뭐 하러 하려고? 너 뒷수습 어떻게 할래? 나서지 마."

저는 근데 참 그 말이 이해가 안 됐어요. 뭔가 상황이 잘못돼가고 있다는 말을 하는데 왜 뒷수습이 필요하지? 그냥 있는 것을 얘기하려는데 왜 나서지 말라고 하는 걸까? 이건 원래 제 성격이에요. 그리고 제가 살아온 사회에서는 그런 말은 들어본 적이 없거든요. 뭔가 상식적이지 않았어요. 뒷수습이나 나서지 말라는 말이 이해가 안 됐던 거예요. 오히려 그 말에 '아, 도와야겠구나' 생각이 들었죠.

마침 저희 천막 쪽에도 계속 실종자 가족분들이 오셨는데, 어머님 한 분이 저를 이렇게 보시더니 제 손을 탁 잡더라고요. 그러면서 말씀하셨어요.

"살려주세요, 도와주세요."
"어떻게 도와드리면 될까요? 저희가 지금 할 수 있는 게 없네요."
"그럼 외부로 알려주셔요. 아무도 취재를 안 해요. 우리 얘기가 뭔가 계속 통제당하고 있어요."

밤을 새우고 새벽에 비도 살짝 와서, 다들 생쥐처럼 젖은 채로 비 맞으면서 현장을 누볐어요. 근데 그 어머니가 얼굴이 정말 새하얗게 질려서, 저는 그렇게 새하얗게 질린 얼굴을 처음 봤어요, 그날. 그렇게 질려서 살려달라고, 도와달라고 하시는 거예요.

그래서 이렇게 생각했어요. '아, 이건 분명히 현장에 도움이 되는 일이다. 사실 가장 도움 되는 건 현장에서 구조하는 것이겠지만, 그걸 할 수 없는 상황에서 최소한 피해자들이 요구하는 바는 이루어져야 한다.' 피해자가 이렇게 저렇게 도와달라고 구체적으로 요구할 때, 해줄 수 있으면 해야 하는 거잖아요? 그래서 저는 했어요. 일이 이렇게 되리라고는 전혀 몰랐죠.

처음 홍가혜 씨는 3분 전화 인터뷰를 하기로 돼 있었다. 하지만 앞서 화면 인터뷰를 하기로 예정되어 있었던 사람이 '언론 보도 행태에 격분'해 인터뷰를 포기해버렸다고 했다. 그래서 방송사에서는 급히 홍가혜 씨에게 화면 인터뷰를 요청했다. 그렇게 홍가혜 씨는 4월 18일 아침 6시 17분에 TV에 등장했다.

2014년 4월 18일 MBN 뉴스

앵커　도착 당시의 상황은 어떻습니까?

홍가혜　지금 언론에 보도되는 부분과 지금 저희 현재 실제 상황과 많이 상이합니다.

앵커　어떤 점이 많이 다른 겁니까?

홍가혜　해양경찰청에서 경찰청장이 지원해준다고 했던 장비며 인력이며 배며, 지금 다 장비 지원은 전혀 안 되고 있었고요. 그리고 속속들이…… SNS나 다른 부분에서 지금 생존자들 확인됐다고 한 게 허위사실이라고 다른 방송사에서 많이 방송을 내보내고 있는데요. 지금 실제 통화된 분도 있고, 잠수부 중에 배 안에서 갑판 하나, 벽을 사이에 두고서 대화를 시도해서 대화한 잠수부도 있습니다.

앵커　그러면 SNS를 통해서 전해지고 있는 이야기가 실제로 가능할 수도 있다고 보시는 거네요?

홍가혜　지금 제가 추측하는 게 아니라요, 진짜 실제 상황이 지금 그런 것과 아닌 것과 섞여서 지금 SNS상에서 나돌고 있고, 또 보도되고 있는 부분입니다.

앵커 현장 대응 상황이 매우 미흡하다고 보시는 것 같습니다. 그럼 구조 장비나 물품 같은 것들이 전혀 지원이 안 되고 있는 상황입니까?

홍가혜 네, 전혀 지원 안 돼 있고, 개인 장비를 가지고 오신 분들도 있지만 지금 턱없이 부족한 상황이고, 잠수부들도, 민간 잠수부 봉사 지원자들도 모두 지금 그냥 현장 대기하고 있는데 지원이 전혀 안 되고 있어 곤란하고, 또 4시에 야간작업이 안 된다고 해서 4시부터 다시 투입될 가능성이 높다고 해양청장이 지금 말했는데 전혀……

앵커 홍가혜 대원님은 그러면 지금 바다에 들어갈 수 없었던 상황입니까? 가셔서 어떤 작업들을 하셨어요?

홍가혜 지금 와서요, 투입되려고 바로 바다에 들어갈 수 있게 스킨 스쿠버 장비라든지 이런 거 다 준비하고 다 알아보고 지금 바로 투입되려고 하고 있었는데요, 지금 해양경찰청인지 정부 쪽에선지 지금 저희 민간 작업하는 것을 막고 있습니다.

한 사람의 인생을 바꿔버린 이 인터뷰는 약 12분 동안 진행됐다. 홍가혜 씨는 다부진 각오를 내비치며 인터뷰를 마무리했다.

홍가혜 민간과 해양 같이 협력하신다고 언론 보도하셨고 발표하셨으니까, 그 부분 확실히 약속 지켜주시기 바랍니다. 저희 다 지금 기다리고 있습니다. 목숨 버릴 각오 다 하고 왔습니다.

인터뷰 후에 홍가혜 씨에게 일어난 일은 아마 모르는 사람이 없을 것이다. 사람들은 그녀를 '사칭녀'라 불렀고, 주요 포털에는 온통 그녀의 정체를 캐는 기사와 추측성 댓글들이 넘쳐나기 시작했다. 인터뷰 직후 문제가 된 부분은 크게 3가지였다.

1. 홍가혜는 민간 잠수부를 사칭했다.

2. 생존자와 대화가 되고 있다는 유언비어를 퍼뜨렸다.

3. "구조를 막고 있다"는 허위사실로 해경의 명예를 훼손했다.

나는 인터뷰 중에 이 3가지 이슈를 수첩에 적어뒀다. 그리고 이번 방송에서 이 3가지를 꼼꼼하게 확인해보기로 했다.

PD　　　인터뷰 후에 현장은 어땠어요?

홍가혜　　제가 그 인터뷰를 하고 나서 갑자기 현장이 분주해지기 시작했어요. 제가 인터뷰를 오전 6시경에 했는데, 그때까지는 저희가 새벽에 아무리 항의하고 난리를 피워도 정말 끄떡도 안 하더니 갑자기 분주해지는 거예요. 갑자기 구조본부에 모든 잠수사들 모이라고 하고, 거기에서 무슨 회의가 이루어지고, 각 잠수협회별로 스무 명씩 현장에 투입시켜주겠다고 얘기하고. 필요한 장비 있으면 리스트 달라고, 지원해주겠다고 얘기하고. 저는 솔직히 좀 뿌듯했어요, 그때. 아, 뭔가 도움이 됐구나. 이제 정부가 우리 요구를 받아들여주고 뭔가 빨리 이루어지겠다, 다행이다……

사고해역으로 가는 배를 탔어요. 한 시간 가까이 배를 타고 있었는데, 갑자기 정부 관계자가 저희를 설득하는 거예요. "지금 구조활동이 이루어지고 있다, 지금 해경과 정부 측 잠수사들이 하고 있다"고 얘길 하더라고요. 그러더니 "이미 하잠 툴을 설치를 하고 있는데 민간 측에서 투입되면 그 사람들의 작업 성과를 가져 가는 거 아니냐. 여기서 팽목항으로 돌아들 가시자." 그래서 제가 물었어요.

"지금 현장에서 구조활동을 하고 있다고요? 사고해역에서?"

지금 하고 있대요. 저희가 가면 방해된대요. 그래서 저는 '이게 뭐지? 그럼 여기 까지 왜 배를 타고 나오게 한 거지?'라는 생각에 의아했죠. 배에 탄 잠수사들이 모여서 "우리는 들어가겠다고 여기까지 왔는데, 절대 포기할 수 없고 우리 눈으 로 확인하겠다"라고 했더니, 정부 관계자가 계속 안 된다는 거예요. 그때 어떤 한 분이 언성을 높였어요.

"거짓말하지 마! 뭐? 지금 구조를 하고 있다고? 당신 그 말에 책임질 수 있어? 구 조 안 하고 있잖아, 아무것도 안 하고 있잖아! 어제부터 아무것도 안 했잖아! 무 슨 소리야?"

그러니 "누구십니까?"라고 했겠죠? 그분이 대답하셨어요.

"나 실종자 가족이다."

배 안에 실종자 가족분이 계셨던 거예요. 민간 잠수사인 것처럼 하고. 왜? 그분 들은 우리도 못 믿고 정부도 못 믿으니까. 그분이 배 안에서 터뜨려버린 거예요,

열 받아서. 그렇게 해서 저희가 해경 123정으로 갈아탄 거예요. 갈아타서 투입시켜준다고 했어요. 그런데 수영만 하면 다 투입돼야 한다고 했던 사람들이 갑자기 저희한테 자격증을 보자고 하더라고요. 그래서 여기까지 누가 자격증 카드를 가지고 오느냐고 어떤 분이 얘기하자, 카드 안 보여주면 지금 확인할 길이 없으니 투입 안 된다고 하더라고요. 그런데 그중에 또 카드를 가지고 오신 분이 계셔서 보여줬어요. 그런데도 안 된대요! 계속 석연치 않은 이유로 "안 돼, 안 돼, 안 돼." 결국 투입은 안 되고 선미 부분이 가라앉는 걸 지켜볼 수밖에 없었던 거예요. 전 지금도 얘길 해요. 저희는 "시간 끌기를 당했다"라고. 아무것도 못한 거죠.

그렇게 배에 있는데 어떤 분이 저한테 와서 "홍가혜 씨입니까? 해경청장님께서 통화를 원합니다. 부탁드리겠습니다" 하면서 머리를 숙이더라고요. 엄청 정중하게, 상냥하게. 따라 올라갔어요. 123정 맨 위쪽으로 올라가면 그 배 운항하는 곳이 있고 거기서는 외부와 전화가 가능하더라고요. 그걸로 저를 바꿔줘서 받았더니 엄청 정중하게 말씀하시더라고요, 그분도. "생방송 인터뷰 봤다. 죄송하지만 혹시 '해경이 막고 있다'라거나, 그런 말을 누구에게 들으셨냐", 저한테 확인하더라고요. 그래서 제가 얘기했어요.

"사실 저희 지금도 여기 왔는데 투입 안 시켜주고 있고요, 제가 인터뷰하기 전에 전혀 뭐 투입시켜주겠다는 약속 없었고요. (한숨) 뭐 아무것도 없어요."

그렇게 말씀드렸더니, 그 해경청장의 목소리가 지금도 안 잊혀요. 거의 울먹이시더라고요.

"그런 얘기를 하면 어떡합니까? 저희가 지금 많이 곤란해졌습니다."

"아니, 이게 사실인데 그럼 어떻게 해요?"

"생존자 얘기는 누가 했습니까?"

"모르고 계셨나요? 지금 이렇게 현장에서 공공연한 얘기를 경찰 측에서는 파악하지 않고 계셨습니까?"

이런 통화를 하고 있는데, 이제 철수한다고 하더라고요. 그때가 오후였거든요? 철수한다기에 통화를 마무리했어요.

그러고 배로 돌아갔더니 이번에는 형사 두 명이 와서는 저한테 또 같은 말을 물어요. '막고 있다'는 말을 누구에게 들었고, 왜 그런 인터뷰를 했냐고. 그래서 또 반복했죠. "누구누구에게 들었다, 정부 관계자들이 다 대화를 거부하고 있는데 마침 인터뷰 요청이 왔고, 그럼 알려야 되는 거 아니냐." 저한테 해경이 막고 있다는 말을 한 게 당시 제가 찾아갔던 민간 잠수부 협회의 ○○○(주요 관계자)이었어요.

　　홍가혜 씨를 태운 배는 우여곡절 끝에 팽목항으로 돌아왔다. 그때부터 홍가혜 씨의 인생은 완전히 달라지기 시작했다.

팽목항에 도착한 후, 저는 다른 잠수사의 차를 타고 진주로 가서 거기에서 친구가 있는 곳으로 갔는데, 제 전화기가 난리도 아닌 거예요. 전화를 받을 수가 없는 지경이었어요. 1초에 몇 통의 전화가 동시에 오면 전화기가 어떻게 되는지 아세요? 안 겪어보셨죠? 전화기가 렉이 걸린다고 해야 하나? 팍팍팍팍, 통화버튼 누르려고 하면 전화가 들어오고 계속 그러니, 화면에서 아무것도 누를 수가 없어요. 그래서 다른 사람 휴대전화로 인터넷을 보니까 실시간 검색어가 전부 저인 거예요. 민간 잠수사 홍가혜. 홍모 씨, 뭐 이런 식으로 계속 다 저더라고요. 그래서 전화기 꺼질까 봐 충전 연결해놓고 제가 잠이 든 거죠. 다음 날 경찰한테 연락이 와 있어서 제가 전화를 걸었어요.

PD　　모르는 번호로?

홍가혜　　전남지방경찰청 누구누구인데 전화 좀 달라고 했어요. 정식 출석 요구도 아니었고. 전화 좀 달라고 해서 전화했어요. 그랬더니 뭐 출석을 하셔야 할 거 같다, 조사 좀 받으러 나오셔야 할 거 같다고 했어요. 한참 통화했어요. 제가 뭐 때문에 그러시냐 하니까…… 그날 얘기하니까 갑자기 또 온몸이 아프네요.

　　홍가혜 씨는 인터뷰를 멈추고 천장을 올려다봤다. 양손으로는 머리 양쪽의 관자놀이를 지그시 눌렀다. 나는 충분히 쉬었다 가자고 했다. 하지만 홍가혜 씨는 무언가를 떨쳐내듯 말을 이었다.

홍가혜　　한참 통화를 했어요, 그때 당시에. 제 요지는 그거였어요. "뭐 때문에 저를 조사하려고 하느냐. 저는 조사받을 내용이 없다. 제가 말한 것은 거짓말이 아니고, 거기 현장 조사해보시라. 현장을 조사해야 되는 거 아니냐." 제가 말한 취지는 그거예요. 그랬더니 "우리도 조사를 하고 있는데 그냥 들을 얘기가 있다, 직접 얘기를 들어야겠다." 그래서 알겠다고, 언제 몇 시에 어디로 가면 되느냐고 물으면서, 그런데 지금 몸이 안 좋아서 월요일, 화요일에 병원에서 치료 좀 받

고 출석하겠다고 했어요. 그랬더니 "안 된다. 위에서 월요일에 출석하시라고 한

다. 월요일 오후 2시에 오셔라" 하더라고요. 그래서 제가 알겠다고 했어요. 전화

를 끊고 그곳으로 가는 버스편 알아보고 나서 전화를 걸었는데 연결이 안 돼서

제가 문자를 남겼어요. '월요일 오후 2시에는 어렵고 오후 4시까지 가겠다. 가는

버스편이 늦어서 그러는 점 좀 이해해달라.' 그렇게 문자를 남겼는데, 다음 날 자

고 일어났더니 이런 뉴스가 막 나가는 거예요.

'홍○○ 씨 핸드폰 끄고 잠적'
'경찰은 구미에 있는 것으로 파악'

아니, 내가 구미에 있고, 출석하겠다고 직접 얘기를 했고 문자까지 보냈잖아요.

그 뉴스를 본 게 다음 날 낮 12시 반쯤이었을 거예요. 바로 형사한테 전화를 걸

었어요. 왜 내가 잠적했다고 하느냐, 따지려고요. 그런데 전화를 안 받는 거예요.

전화를 받긴 받는데 어떻게 하느냐면, 신호가 가다가 탁 끊기는 거 있잖아요. 한

마디로 일부러 안 받는 거예요. 분명히 통화 연결이 1초 딱 됐는데, 바로 탁! 끊는 거. 느낌이 너무 싸하더라고요.

PD   그래서 어떻게 됐어요?

홍가혜   경찰서로 무작정 찾아갔어요. 왜냐? 이미 핸드폰 끈 채 잠적이라고 기사가 났잖아요. 뉴스를 보니 위치 추적한다더라고요. 너무 기가 차서, 지금 생각해도 기가 차죠. 월요일에 출석하는 걸로 나랑 약속해놓고는 내가 잠적한 것처럼, 도주 우려가 있는 것처럼 만들려고 경찰들이 이러는구나. 그래서 경찰청으로 제가 간 거예요.

기차가 없어서 고속버스를 타고 가는데, 가는 시간 내내 고속버스 앞쪽 작은 TV에 제가 나오는 거예요, 공개수배하듯이. 과거에 제가 SNS에 올려놨던 사진을 올리면서 부산 사투리도 쓰고 표준어도 쓰고 전라도 말도 쓰고, 뭐 여러 언어를 구사하고, 인터뷰 때는 이 얼굴이었는데 평소에는 이 얼굴이기도 하니까 잘 봐라, 하면서 제 다른 사진들도 보여주고, 막 계속 나오는 거예요, TV에……

PD   그때 심정이 어떠셨어요?

홍가혜   제가 그때 버스 맨 앞자리에 탔는데, 뒤에도 사람들이 있잖아요. 같이 그걸 보잖아요. 누군가가 나를 알아보면 어떡하지? 너무너무 무서운 거예요. 너무 머리가 아팠어요. TV에 나오는 내용이 '내가 이런 적이 있었나?' 싶을 정도로 저의 과거 사진을 다 뒤져가지고 막 올리니까 너무 무섭더라고요, 그게. 그래도 그때까지만 해도 저는 그렇게 생각했어요. '내가 경찰서에 가서 내 말이 거짓말이 아니라는 것을 얘기하면 다 끝날 거야, 괜찮아질 거야.' 왜냐? 그냥 이 사람들도 경찰들도 다 오해하고 있다고 생각했어요. 언론도 그렇고. '뭔가 단단한 오해가 생겨버렸다. 내가 얘기를 하면 괜찮아질 거다.'

홍가혜 씨는 2014년 4월 20일 일요일 저녁, 경찰서에 도착했다. 그리고 도착하자마자 담당 형사에게 전화를 걸었다.

홍가혜　전화했죠. "아니, 내가 잠적했다고 보도가 나오는데, 나 출석한다고 했잖아요?" 그랬더니 그건 자기네들이 내보낸 게 아니라고, 지금 어디냐고 묻더라고요. "저 지금 경찰청 앞인데요?" 그랬더니 그 형사가 자기는 지금 출장 나와 있어서 다른 상근자들 내려보내겠다 하더라고요. 아니, 무슨 007 작전인가요? 영화에서나 보는 연쇄살인마 잡는 그런 시추에이션 같았다고 해야 하나? 하…… 저는 속이 타서 한쪽 구석에 있었는데, 형사 몇 명이 정문까지 정말 후다닥 내려가는 거예요. 뭐 하나 지켜봤어요. 솔직히 아닌 말로 '진짜 쇼를 한다' 생각했죠. 그래서 기가 차서 제가 불렀어요.

"저기요!"

그러니 어떤 형사가 왔다 갔다 하면서 "어? 홍가혜 씨예요?" 물었어요. "네, 저 여기 있었는데 뭐 하세요?" 자기들도 민망했겠죠. 그 형사가 직급이 높은 것 같은 다른 형사한테 "채울까요? 수갑 채울까요?" 묻더라고요. 그랬더니 다른 형사가 되게 아쉬운 표정으로 고개를 저었어요. 그 길로 저는 세상의 빛을 못 본

거예요.

PD 조사는 어땠어요?

홍가혜 조사를 받는데, 했던 말을 계속 반복해서 사람 진을 빼더라고요. 몇 날 며칠을 그랬어요. 그리고 제가 하지도 않았는데, 하지도 않은 것에 대해서 안 했다는 증거를 대래요. 아니, 내가 안 했는데 내가 어떻게 이걸 안 했다는 증거를 대죠? 모든 사람이 분 단위로 셀카를 찍거나 자기 흔적을 남긴다거나, 아니면 스물네 시간 녹음기 켜놓고 기록하나요? 그런 식이었어요. 완전 벽에 갇힌 기분? 그냥 거대한 벽에 대고 얘기하는 것처럼, 끊임없이. 그 사람들은 저한테 막 강압적으로 소리 지르기도 했어요.

"거짓말하지 마! 너 빼고 그런 말 들은 사람 아무도 없어! 너만 그렇게 얘기해!"

그러다가도 갑자기 목소리 낮춰서 "홍가혜 씨, 제가 왜 이렇게 화를 내는 줄 알아요? 나도 자식 있는 부모야. 근데 당신이 걔네들 죽인 거나 마찬가지야." 저한테 그렇게 말하더라고요, 형사가. 저는 계속 울었죠. 그 말이 너무 상처였어요. (한숨) 구조를 하러 갔는데 구조에 도움이 안 됐구나. 아, 내가 죽였구나.

2014년 4월 21일 새벽 3시경, 홍가혜 씨는 유치장에 갇혔다. 조사 약 4시간 만이었다. 이후 10일 만에 홍가혜 씨는 다시 목포 교도소로 이송되었고, 그렇게 2014년 7월 31일 보석으로 석방될 때까지 101일간 수감생활을 해야만 했다.

홍가혜 씨의 인터뷰는 사실 매우 흔한 '현장 인터뷰'였다. 언론사에서 직접 현장에 인력을 파견하지 못하는 상황에서 현장에 있는 봉사자에게 인터뷰를 요청했고, 봉사자는 현장에서 보고 들은 내용을 그대로 전달했다. 현장 인터뷰라는 것은 늘 거칠고, 추측과 과장이 포함되기 마련이며, 상황이 어디로 튈지 모른다. 그래서 현장 인터뷰를 진행할 때는 제작자들이 늘 주의를 기울여야 한다. 하지만 전문가 섭외 인터뷰를 하지 않고 굳이 현장의 목소리를 듣는 것 또한 바로 그러한 이유 때문이다. 사실과 다를 가능성이 조금 있더라도 현장의 분위기를 생생하게 전달할 수 있으니까.

언론사는 사전에 인터뷰 내용을 예상하고 점검하거나 인터뷰 후에 후속 취재로 사실을 확인해야 할 의무가 있다. 하지만 당시 관련 언론사는 그러한 역할을 충실히 하지 않았다. 심지어 홍가혜 씨의 인터뷰 내용이 사실인지 아닌지 제대로 확인하지도 않은 채 보도국장이 인터뷰 당일 사과방송을 했다. 이후 이 모든 사태의 책임은 홍가혜 씨에게 넘어갔다. 그뿐 아니라 경찰이 분명히 홍가혜 씨와 출석 약속을 했건만, 언론에는 그녀가 잠적했다는, 사실과 다른 내용이 흘러나갔다. 결국 홍가혜 씨는 공격당해도 마땅한 사람, 무참히 신상이 털려도 되는 악당이자 이상한 이야기를 퍼뜨린 괴담녀가 되어버렸다.

그렇다면 정말 홍가혜 씨는 허위사실을 유포했던 것일까? 나는 세월호 참사 당시 뉴스들을 다시 훑어봤다. 그리고 그녀와 비슷한 주장을 했던 당시 민간 잠수부들의 인터뷰를 어렵지 않게 확인할 수 있었다.

2014년 4월 17일, CBS의 노컷V 영상

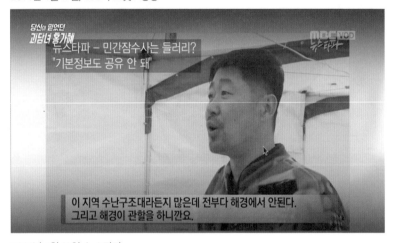

2014년 4월 19일, 뉴스타파

　또 당시 구조작업에 참여했던 민간 다이버와 전 세월호 가족협의회 집행위원장을 어렵게 만나 당시 현장의 상황, 그리고 홍가혜 씨의 발언에 관해 물었다.

'800명의 군과 경의 잠수부들이 대기하고 있다
너희 차례는 없다. 돌아가라'

"홍가혜 씨가 얘기했던 내용들이 다소 이상하게 들릴 수 있을지언정 전반적으로 90% 이상은 사실이에요. 그리고 나머지 부분 역시 전반적인 맥락과 주 내용들 다 진실이었다고 말씀드릴 수 있겠네요."

_송영현, 당시 구조 참여 민간 잠수부

유경근 / 전 세월호가족협의회 집행위원장
사실 가혜 씨가 한 얘기는
4월 16일 당일부터 우리들이 했던 이야기거든요

"거듭 얘기하지만 저희들이 그렇게 울부짖으면서 다 거짓말이라고, (구조) 안 하고 있다고, 그렇게 얘기를 해도 대부분의 언론들은 저희들의 이야기를 보도하지 않았어요. 반영하지 않았어요, 전혀."

_유경근, 전 세월호 가족협의회 집행위원장

홍가혜 씨의 주장은 이미 참사 직후부터 현장 여기저기서 터져 나오던 이야기였다. 해경이 민간 잠수부들의 구조를 통제하고 있다는 것, 그리고 배 안에 생존자가 있는 듯하다는 것. 아마 조금만 현장을 취재해봤다면 쉽게 확인할 수 있는 내용이었을 것이다. 하지만 당시 수많은 언론사들은 홍가혜 씨의 주장을, 그리고 수많은 봉사 참여자들과 실종자 가족들의 울부짖음을 외면했다. 그리고 홍가혜 씨의 주장은 허위라고 단정하고 이로써 해경이 명예를 훼손당했다는 주장에 손을 들어줬다.

PD '해경이 막고 있다'는 말을 가혜 씨도 직접 들은 건가요?

홍가혜 '해경이 막고 있다.' 이 말은 제가 도착했을 때부터 떠날 때까지 공공연했던 말이에요. 제가 처음 도착하자마자 민간 잠수부 협회를 찾아가서 현장 상황이 어떻게 되는지, 투입은 언제 되는지 물어봤어요. 그랬더니 "(구조를) 어떻게 해? 막고 있는데. 뭘 하려고 하면 통제하고 막고 아무것도 못 했어"라고 했어요. '해경이 막고 있다' 일곱 글자. 정확한 그 표현 그대로, 제가 처음에 찾아갔던 민간 잠수부 협회 사람이 그 말을 한 거예요.

PD 실제로 거기 딱 도착하셨을 때 상황이 어땠는지 좀 더 말씀해주시면 좋을 것 같아요. 정말 제대로 된 대책도 없는 그런 상황이었나요?

홍가혜　현장이 어땠는지 그림으로도 그릴 수 있어요. 너무너무 생생하게 기억나요. 딱 도착했는데 입구에서부터 경찰이 막고 있더라고요. 차량이 들어가지 못하도록. 고속버스에서 내려서 택시를 타고 가는데, 못 들어가게 막고 있더라고요. 그래서 제가 내렸어요. "정부 측에서 지금 민간 잠수부들 모집공고 내려서 그거 보고 왔다. 왜 막느냐, 왜 못 들어가게 하느냐, 여기를." 강력하게 따졌죠.

그래서 거기서부터 걸어갔어요. 가는 길에 보니 세월호 실종자 가족분들이 무슨 임시 천막 안에 계시고 그 앞을 경찰이 쭈욱 에워싸고 있더라고요. 가두리 쳐서. '뭐지? 그냥 이 사람들은 고립됐구나.' (한숨) 소통이 안 돼요, 대화가 안 되고. 정부 관계자들이랑 몇 번 시도를 했어요. 진도파출소도 갔고요. 그 민간 잠수부 협회 관계자랑 같이 가서 회의도 했고. 정말 밤새도록 돌아다녔어요. 민간 잠수사들 투입시켜달라고.

대화를 거부해요, 그냥. 그리고 하나같이 똑같은 말. 자기네들도 어쩔 수가 없대, 힘이 없대, 권한이 없대요. 진도파출소 소장도 그렇게 얘기하더라고요. 자기한테는 권한이 없다고. 근데 언론에는 어떻게 나갔나요? '민관군 잠수사 500명이 투입돼서 구조활동을 벌이고 있다, 바지선 몇 척이 투입됐고, 헬기 투입돼서 지상 최대의 구조활동이 벌어지고 있다'고 보도되었죠. 아니, 무슨 민관군 잠수사들이 500여 명 투입돼서 밤새 구조활동을 해? (한숨) 다 거짓말이었어요. 하나부터 열까지 다.

홍가혜 씨에 대한 또 한 가지 논란. 바로 그녀가 '민간 잠수부를 사칭했다'는 내용에 대해서도 물었다. 당시 언론에 보도된 대로라면 홍가혜 씨는 잠수를 할 수 있는 사람이 아니었는데, 참사 현장에서 관심을 끌기 위해 민간 잠수사를 '사칭'했다는 것이었다.

PD　　　민간 잠수부 논란도 있었죠? 어떤 입장이신지……

홍가혜　　제가 처음에 모집공고를 봤던 게, 심해 다이버들이나 테크니컬 다이버들만 모이라고 한 게 아니었어요. '전국 다이버들 모여라'였죠. 저는 세월호 참사 시점으로 5년 정도의 잠수 경력이 있었고, 수십 차례의 다이빙 경험이 있었어요. 꼭 거기 현장에서 다이빙으로만 돕는 게 아니더라도, 하다못해 투입된 잠수사들의 탱크 하나를 옮겨주는 일도 다이빙을 아는 사람이 한다면 그것도 도움인 거잖아요?

저의 인터뷰 요지도 그랬어요. 저를 투입시켜달라고 주장한 게 아니잖아요. 지금 아무것도 안 되고 있으니까 민관군 협력해서 빨리 구조하자는 거였잖아요. 예를 들어서 정부가 한 20년 이상의 경력이 있는 산업 다이버들만 모이라고 했다거나, 100미터 이상 들어갈 수 있는 심해 다이버들만 모이라고 했다면 저는 애초에 가지도 않았을 거예요.

홍가혜 씨의 말이 사실일까? 나는 당시 정부에서 배포한 모집공고를 확인했다. 실제 2014년 4월 17일 오전 6시부로 배포된 당시 '해양수산부 중앙사고수습본부 보도자료'를 살펴보자.

○ (수중구조작업) 전국 잠수가능자 소집하여 대규모 수중 구조작업 교대실시 및 민간장비 동원 선내 생존자를 위한 선내 공기주입 예정

이렇게 나와 있다. 잠수 경력이나 자격에 대한 구체적인 기준은 포함되어 있지 않았다. 또 보도자료 배포 이후 작성된 여러 기사에서도 마찬가지였다. '잠수가능자'라는 표현뿐이었다.

진도군청에 범부처 대책본 설치…전국 잠수부 '소집령'

머니투데이 | 세종=우경희 기자

2014.04.17 08:19

[진도=뉴스1] 박지혜 기자 17일 새벽 전남 진도 앞바다 침몰된 여객선 사고 현장에서 해양경찰들이 실종자 수색 작업을 하고 있다. (서해지방해양경찰청 제공) 2014.4.17/뉴스1

정부가 세월호 침몰사고와 관련해 진도군청에 범부처 사고대책본부를 설치한다. 수중구조 작업을 위해 전국 잠수 가능자에게 소집령을 내리고 대규모 수중 구조작업을 교대 실시키로 했다.

전국 잠수부 '소집령' 머니투데이, 4월 17일 08:19
전국 잠수가능자 총동원 YTN, 4월 17일 08:58
전국 잠수인력 소집 KBS, 4월 17일 13:23

홍가혜　사람들은 저한테 이런 얘기를 하더라고요. "네가 무슨 도움이 되냐."

막말하는 사람도 있었어요. "네까짓 거 가봐야 결국 네 시체 건져야 하지 않겠냐." 뭐라도 도움이 될까 해서 달려간 제가 바보예요. 가만히 있어야 했던 게 맞는 건지. 그때만 생각하면 지금도 답답해지는 게 그런 거예요. 어떻게 보면 사실 '민간 잠수부'라는 단어 자체가 세월호 때 생기고 이렇게 많이 알려졌다고 해도 무방할 거예요. 그전에는 민간 다이버, 민간 잠수부 이렇게 표현하지 않았죠. 민간 잠수부가 어디 있어요, 그냥 다이버로 다 통용되지. 안 그런가요?

친구랑 제주도에 내려가던 날 할머니를 뵙고 갔어요. 아직도 저는 기억나요. 할머니가 손녀 왔다고 생선 구워서 김치랑 같이 차려주셨던 거예요. 어릴 때부터 저희 할머니는 직접 손으로 생선을 다 발라주셨었거든요. 그걸 먹고 제주도로 갔어요. 근데 제주도에서 민간 잠수부들 모이라는 소식을 보고 저는 진도로 갔고 그 길로 구속된 거니까, 저에 대한 할머니의 마지막 기억은 저한테 생선 발라준 거였잖아요. 지금까지도 저희 할머니가 생선 하나 제대로 못 발라 드세요. 급격히 몸이 안 좋아지셨어요. 정정하셔야 하는 연세인데……

할머니는 아시거든요, 제가 다이빙 해온 걸. 그래서 할머니는 제가 교도소 있을 때 그 몸으로 부산에서 목포까지 오셨어요. 그러시더라고요. "내가 니 다이빙하러 다니는 걸 아는데 왜 사람들이 니가 다이버가 아니라고 하노?" 그 말이 정확한 거 아닌가요? 사람들이 말하는 민간 잠수부는 대체 기준이 뭐냐고 물어보고 싶은 심정이죠, 저는.

하지만 경찰은 홍가혜 씨의 주장을 받아들이지 않았다. 며칠 동안 이어진 강도 높은 조사에 홍가혜 씨는 몸과 마음이 지쳐가고 있었다.

조사를 지휘하던 어느 경찰은 홍가혜 씨에게 "저는 홍가혜 씨가 거짓말을 하고 있다고 생각합니다"라고 말했다. 당시 홍가혜 씨는 스물여섯 살이었다.

홍가혜 경찰이 다시 저한테 와서 말했어요. "조금 있으면 기자들이 올 거다. 근데 홍가혜 씨로 인해 상처받은 해경의 가족들도 많다. 그리고 세월호 실종자 가족분들도 상처를 많이 받았으니까 그분들한테 미안하다는 말만 하면 된다." 마치 이 사과를 하고 어느 정도 조사받고 나면 풀려날 것처럼 저를 회유했죠.

조사받는 홍가혜 씨를 둘러싼 취재진

원래는 독방 같은 데, 부스 같은 곳 안에서 좀 강압적인 수사? 고도의 취조를 받았는데, 기자가 온다니까 갑자기 그 경찰서 안 오픈된 공간에다 저를 의자에 앉혀놓고 마스크를 쓰게 하고, 자기들이 가지고 있던 옷 있잖아요, 형사 옷. 그걸로 저를 꽁꽁 싸매더라고요. 그리고 얼굴이 보일 수 있으니까 고개를 숙이고 있으래요. 갑자기 제 고개를 막 이렇게 눌러서 숙이게 하더라고요. 하지도 않고 있었던 수갑 채우고…… 나중에 석방되고 나서 제가 그때 어떻게 있었는지 찾아보고 저는 진짜 충격받았어요. 딱 누가 봐도 살인범, 뉴스에서 많이 보던 그 살인범이 조사받는 과정에 항상 등장하는 그런 모습이었어요.

한 기자가 고개 숙인 홍가혜 씨에게 카메라를 들이대고 있다.

(손으로) 이렇게 카메라를 잡잖아요. 여기서 카메라 들어오고, 저기서 들어오고…… 제가 고개 숙이고 있는데도 카메라가 보였어요. 옆에서 사람들이 쑤욱 가까이 와서 막 찍고. 그게 그냥 총처럼 느껴지더라고요. 절대 너를 안 놓친다. 탁 겨냥해서. 그 이후로 카메라 공포증 같은 게 생겼어요. 카메라를 어느 순간 똑바로 쳐다보지를 못하겠는 거예요. 원래는 카메라 보면서 셀카 찍고, 여느 20대와 마찬가지로 그렇게 살았거든요? 어느 순간부터는 너무 힘든 거예요, 그날이 생각나서. 그날 이후 저는 사람들한테 얘기해요. 카메라는 총이라고.

홍가혜 씨가 경찰의 조사를 받는 장면이 언론에 공개되자 기사는 더 많이 쏟아지기 시작했다. '홍가혜, 울면서 미안하다더니 취재진 빠져나가자 울음 뚝'과 같은 내용의 기사들도 있었다. 그렇게 2014년 4월 18일 인터뷰 이후 1주일 사이에 작성된 기사만 3500여 건. 특히 세계일보와 데일리스포츠월드가 쓴 기사가 총 159건, 디지틀조선일보는 25건 이상 쏟아냈다. 기사의 대부분은 세월호 참사와 관련된 내용보다는 홍가혜 씨의 사생활과 관련된 내용이거나 과거 행적을 추적하는 '마녀사냥' 식의 내용이었다. 주요 내용은 다음과 같았다.

1. 홍가혜는 티아라의 전 멤버 '화영'의 사촌언니를 사칭했다.
2. 홍가혜는 유명 야구선수의 여자친구라 밝히고 가짜 스캔들을 만들었다.
3. 홍가혜는 B1A4 콘서트에서 연예부 기자를 사칭해 B1A4와 사진을 찍었다.
4. 홍가혜는 도쿄 거주 교민 행세를 해서 2011년 동일본 대지진 당시 현장 인터뷰에도 출연했다.

이 기사들의 내용은 정말 사실이었을까? 모두 팩트 체크 해보기로 했다. 우선 '홍가혜가 아이돌 그룹 티아라의 전 멤버 화영의 사촌 행세를 했다'는 기사는 너무나도 쉽게 사실이 아님을 확인할 수 있었다. 홍가혜 씨는 화영의 쌍둥이 언니인 '효영'과 친분이 있는 사이일 뿐 화영의 사촌언니를 사칭한 적이 없었다. 심지어 당시 홍가혜 씨는 여러 차례 '화영의 사촌언니가 아니다'라는 사실을 트위터에 밝히기까지 했지만(2012년 8월 5일 등) 진실은 외면당했다. 야구선수와의 가짜 스캔들 역시 마찬가지였다. 홍가혜 씨는 실제 야구선수와 연인관계였던 적이 있었던 것으로 확인됐다.

2014년 4월 23일 매일신문 기사

그렇다면 홍가혜 씨가 콘서트장에 찾아가 연예부 기자를 사칭했다는 기사는 어떨까. 당시 B1A4 소속사 관계자에게 사실관계를 물었다. 관계자는 "홍가혜 씨가 연예부 기자를 사칭한 적 없고, 콘서트에 초대되어 왔으며 소속사에 근무하던 지인을 통해 가수들과 함께 사진을 찍은 것뿐이다"라고 증언했다. 결국 이 세 종류의 기사들은 당사자들과의 간단한 전화 통화만으로도 사실 확인이 가능했던 황당한 가짜뉴스였다. 그렇다면 '동일본 대지진 현장 인터뷰 이슈'는 무엇이었을까? 기사 내용은 다음과 같다.

2014년 4월 20일 헤럴드경제 기사. "홍가혜는 재난전문 인터뷰이?"

홍가혜 씨가 2011년 동일본 지진 당시 MBC 뉴스와 인터뷰했던 장면

그러니까 홍가혜 씨는 2011년 동일본 대지진 당시 도쿄 현장 인터뷰에 등장한 적이 있었는데, 이 기사는 홍가혜 씨가 이 인터뷰에 '출연'하기 위해 도쿄까지 건너가서 거주민 행세를 한 것이 아니냐는 내용이었다. 특히 기사 제목에 '재난 전문 인터뷰이'와 '경악'이라는 표현도 사용했다.

처음 이 기사를 봤을 때는 당시 현장 인터뷰에 홍가혜 씨가 등장했다는 사실도 신기했지만, 이 인터뷰를 다시 찾아내서 기사화한 기자도 참 대단하다는 생각이 들었다. 이 '재난 전문 인터뷰이' 기사를 작성한 기자는 과연 어떤 의도를 가지고 있었을까? 궁금했다. 우선 이 기사가 인용하고 있는 '동일본 대지진 인터뷰'에 대해 알아보기로 했다. 홍가혜 씨 본인은 당연히 기사 내용을 부정하는 입장일 테니, 나는 당시 일본 현지에서 직접 인터뷰했던 기자에게 사실 확인을 부탁했다. 마침 MBC 뉴스였다.

당시 일본 현지에서 홍가혜 씨를 직접 인터뷰했던 MBC 조현용 기자

PD　　　　　당시 홍가혜 씨가 인터뷰에 출연하기 위해 기회를 노렸다든가 그런 비슷한 상황이 있었나요?

조현용 기자　　그게 말이 안 되는 게, (홍가혜 씨가) 식당에서 일을 하고 있었거든요. 밖에서 보였던 거죠. 그때 당시는 막 원전이 터지고 그래서 한국 취재진도 다 떠나는 상황이었어요. 교민들도 떠나는 상황이었고. 근데 그런 상황에서 우연히 '이 시간쯤 되면 한국 기자가 와서 인터뷰를 할 것이다'라고 예상을 한다는 것 자체가 말이 안 되는 것 같고, 저한테 텔레파시로 '나한테 말 걸어라, 나한테 말 걸어라' 뭐 그런 상황도 아니고, (홍가혜 씨가) 먼저 인터뷰를 하겠다 한 것도 아니었어요. 제가 가서 물어봤고, 같이 갔던 카메라 기자도 기억하고 있는 상황이고요.

2011년 당시 뉴스 자료화면. 홍가혜 씨는 실제로 저 가게에서 일을 하고 있었다.

PD   홍가혜 씨가 도쿄 주민 행세를 했다고 보시는지?

조현용 기자   아니요, 그런 상황 아니었어요. (홍가혜 씨가) 인터뷰를 해달라고 한 것도 아니고, 저희가 가서 말을 건 거였으니까. 재난 현장을 찾아다니면서 일부러 방송에 나갈 기회를 노렸다? 말이 안 되는 거죠.

결국 이 기사 또한 사실과 완전히 다른 억측 기사였으며 떠도는 소문을 그대로 받아 적은 가짜뉴스에 불과했다. 하지만 기사는 각종 커뮤니티에 다시 공유되며 수많은 사람들에게 퍼져 나갔다. 어떤 사람들은 이 황당한 특종(?)을 기다렸다는 듯 '반가워'하기까지 했다. 그리고 홍가혜 씨를 '인터뷰 전문가', '관심종자'라고 부르기도 했다.

홍가혜　사람들이 그런 말을 하더라고요. '포레스트 검프'냐고, 왜 역사의 현장마다 다 있냐고. 저 '포레스트 검프'라는 게 뭔지도 몰랐거든요? 저를 두고 한 악성 댓글들을 보고 안 거예요. 그러니까 사람들이 제가 일본에 계속 산 교민이 아니라 한국에서 살았는데 그 인터뷰를 하러 일본에 갔다, 뭐 이렇게 생각을 하시더라고요. 근데 그건 잘못된 정보예요. 저는 그 당시 4~5년 정도 일본에 거주 중이었어요.

큰 지진이 났으니 다들 유학생들도 마찬가지고 부모님들이 얼마나 걱정하겠어요. 뭐, 방사능이 나오니 어쩌니 그런 어수선한 상황에서 다들 귀국한 거예요. 그러니까 일손이 부족하잖아요. 편의점도 다 사람들이 사재기해서 물건이 없었거든요. 그래서 그냥 일을 도왔던 거예요. 그러다가 여러 명이 있었는데 다른 사람들도 인터뷰했고 저도 인터뷰했던 거죠.

저한테 물어본 것들이 되게 많았어요. 지진 때 어떻게 생활하셨는지, 그리고 왜 안 돌아가는지. 그 기억이 아직도 나거든요? "정말 무서운 상황에서 배낭 안에다가 라면이랑 물이랑 넣어놓고, 집 안에서도 신발 신고 식탁 밑에서 자고 그렇게 생활한다. 나 혼자만 살겠다고 가냐. 여기 사랑하는 사람들, 친구들 다 있는데 어떻게 가냐. 여기서 몇 년을 살았는데." 인터뷰한 것 중에 일부분만 나간 거였어요.

당시 홍가혜 씨를 언급한 3500여 건의 기사들은 대부분 '가짜뉴스' 이거나 이슈의 본질과는 전혀 상관없는 '가십성 기사'였다. 그 기사들은 수천, 수만 개 이상의 악플과 함께 온·오프라인을 뒤덮었다. 문제는 이러한 가짜뉴스들이 단순히 한 사람의 마음에만 상처로 남은 것이 아니라, 홍가혜 씨의 수사 과정과 재판에도 심각한 영향을 미쳤다는 것이다. 실제 해경은 4월 18일 저녁 9시경 악의적인 글과 기사를 적극적으로 작성했던 김용호 기자와 통화해 '홍가혜는 티아라 화영의 사촌언니를 사칭하고, 야구선수의 애인이라고 사칭했다'는 설명을 들은 뒤 그 내용을 수사 자료에 첨부했다. 또 홍가혜 씨에게 다음과 같은 질문을 하기도 했다.

"피의자는 과거 전 남자친구, 화영 사건에서 트위터에 글을 올리고 동경 지진 관련하여 방송국 인터뷰를 한 것이 있는데, 피의자가 다시 한 번 세간에 주목을 받기 위해 이번 사건(세월호 참사) 관련하여 생방송 인터뷰를 한 것이 아닙니까?"

또 전남지방경찰청 수사 담당자는 홍가혜 씨와 관련된 각종 소문과 가짜뉴스들을 참고하여 다음과 같은 내용을 청장에게 보고하기도 했다. 홍가혜 씨가 인터뷰를 한 지 만 하루도 지나지 않을 때였다.

"피혐의자 홍가혜는 인터넷 및 트위터상에서 허위사실을 유포하여 명예를 훼손하는 악명 높은 자인 것으로 확인되어……"

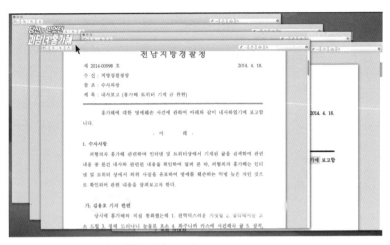

2014년 4월 18일 전남지방경찰청 내사보고서

수개월 동안 이어진 검찰 조사에서도 다를 바 없었다. 검사도 홍가혜 씨에게 비슷한 질문을 던졌다.

홍가혜　어느 날 검사가 와보래서 갔더니, 저한테 묻는 게 이런 거였어요.

"김용호 기자 알아요?"

"티아라 사촌이에요?"

"B1A4 알아요? 혹시 본인 연예부 기자였어요?"

"혹시 영화배우 된다고 하셨어요? 야한 시나리오 받은 적 없어요?"

그게 검사의 질문이었어요. 그래서 제가 말했죠.

"제가 여기에 답해야 합니까? 해경의 명예를 훼손했다는 나의 혐의와 도대체 무슨 연관이 있습니까?"

"아니요, 이건 조사는 아니고 그냥 개인적으로 궁금해서."

제가 너무 어이가 없어서 막 울었거든요? 그랬더니 검사가 저한테 이렇게 말해요.

"왜 울어요? 본인은 잘못한 게 없다고 하면서, 거짓말 아니라며 왜 울어요, 홍 가혜 씨? 너무 그렇게 울지 마세요. 어차피 지금은 홍가혜 씨 때문에 세상이 떠들썩해도 '나 홍가혜예요'라고 다시 안 나대고 조용히 살면 사람들 3개월 만에 잊어요. 그렇게 살면 되잖아."

그때 저는 생각했었죠. 아 조용히 살란 말이구나. 나는 그럴 주제가 아니니까.

경찰은 4월 18일 생방송 인터뷰 후 약 10시간 만에 홍가혜 씨의 인터 뷰를 허위사실로 판단했다. 어떻게 이렇게 빠르게, 그리고 단정적으로 판단을 내릴 수 있었을까. 심지어 참사 현장에는 홍가혜 씨와 같은 목 소리를 내는 수많은 사람이 있었고, 다른 언론 매체에도 이미 같은 취 지의 인터뷰가 속속 나오는 상황이었다. 나는 당시 수사를 담당했던 경 찰을 어렵게 찾아내 그에게 수사과정에 대해 물었다.

PD　　　　　그때 수사 과정이 굉장히 신속하게 진행된 것으로 보여서요. 그 때 분위기 좀 말씀해주실 수 있으실까요?

담당 경찰　　　신속하다고 할 수 있을까요? 나름대로 저희가 수사한 부분이 다 있으니까. 저희도 정신없었어요. 세월호 참사 터져서. 아시지 않습니까?

PD	조사하셨던 내용들은 사실 확인을 해보신 건가요?
담당 경찰	그럼요, 검사님이 있고 판사님이 있는데요. 다 확인하지요.
PD	김용호 기자가 쓴 기사를 바탕으로 수사하신 부분도 있으시죠?

김용호 기자님 통해서 사실 확인하신 거예요?

담당 경찰 예예. 김용호 기자님한테 전화 한번 해보세요, 그 부분. 그분한테 확인하는 것이 더 빠를 것 같아요.

홍가혜 씨의 '진실'은 너무나도 쉽게 가짜뉴스로 판정되어버렸고, 정작 황당한 가짜뉴스들이 '진실'로 둔갑하여 한 사람의 인생을, 그리고 대한민국 역사의 한 장을 뒤흔들었다.

"수사기록 일련의 과정들을 보면 김용호라고 하는 기자를 통해서 '홍가혜'라고 하는 한 인물을 허언증, 과대망상증을 가진 사람이라고 이미 설정해놓고, 실체적 진실을 찾기 위한 것이 아니라 이미 결론을 내린 상태에서 그 결론에 맞는 사람의 목소리를 찾았다는 게 상당히 문제가 있습니다."

– 최병일, 경찰 출신 변호사

"(홍가혜 씨 인터뷰) 내용이 사실인지 아닌지, 아니면 홍가혜 씨가 이런 이야기들을 어디서 들었는지와 관련된 정보를 확인해야 하는데, 이런 정보 없이 그냥 언론 보도된 내용, 그리고 해양경찰에서 이야기하는 내용에 근거해서 이 내용은 허위사실이라고 단정 짓고, (인터뷰 당일인) 2014년 4월 18일 16시 57분에 허위사실로 판단해버린 거죠."

– 김미영, 진술 분석가

결과론적인 이야기일 수 있지만, 그 중심에는 한 명의 기자가 있었다. 그는 무슨 의도였는지 홍가혜 씨에 대한 허위 글을 주도적으로 작성했으며, 기사와 개인 SNS를 통해 무책임하게 가짜뉴스를 유포했다.

김용호　@charogne6

당시에 홍가혜와 직접 통화했는데… 1. 천연덕스러운 거짓말 2. 불리해지면 고소드립 3. 정체 드러나니 눈물로 호소 4. 봐주니까 카스에 사건왜곡 글 5. 잠적! 그리고 지금 다시 등장했네요.

김용호　@charogne6

정부 발표는 못 믿지만 저런 여자 말은 신봉하는 음모론에 미친 사람들… 걱정스럽습니다.

김용호　@charogne6

저는 홍가혜 수사했던 형사에게 직접 그녀의 정체를 파악했습니다. 인터넷에 알려진 것 이상입니다. 허언증 정도가 아니죠. 소름 돋을 정도로 무서운 여자입니다.

김용호　@charogne6

예전 티아라 화영 사촌언니라고 거짓말하던 홍가혜는 왜 진도에 가서 또 거짓말을 하고 있는가? 그때 울며불며 죄송하다고 해서 용서해줬는데…

김용호　@charogne6

아~ MBN이 홍가혜에게 낚였구나!

김용호　@charogne6

홍가혜 정체는 제가 알아요. 사기 혐의로 검찰 조사받은 적 있습니다.

특히 그는 홍가혜 씨가 야한 영화의 시나리오를 받고 영화배우가 되고 싶어 진도에 내려간 것이라는 내용의 트윗을 뿌리기도 했다. 그리고 당시 그의 트윗과 기사들은 모두 수백 개 이상의 기사로 재인용됐다. 한 사람의 인생을 바꿔버린 이 기사들. 특히 전화 한 통만으로도 사실 확인이 가능했던 이 가짜뉴스들은 대체 무슨 근거로 작성된 것일까.

PD   기사가 수백 수천 개 나왔는데, 가혜 씨한테 직접 사실 확인을 한 기자는 있었나요?

홍가혜   없었어요.

PD   사실 확인이 없었어요?

홍가혜   단 한 번도 없었어요.

놀랍게도 당시 그 누구도 홍가혜 씨에게 직접 사실을 확인하려 하지 않았다. 심지어 그녀의 정정 요청을 무시하는 경우도 많았다. 홍가혜 씨에 대한 악의적인 글을 가장 적극적으로 작성하고 유포했던 김용호 기자는 재판에서 자신의 입장을 밝혔는데, 기사를 통해 그의 말을 들어보자.

김 씨(김용호 기자)는 홍 씨의 해경 명예훼손 관련 형사재판에서 이뤄진 증인신문에서 "(걸그룹) 사촌언니라는 직접적인 표현은 하지 않은 것 같다", "저도 기억에 의존해 진술하다 보니 헷갈리는 부분이 있고, 수많은 사건을 취재했기 때문에 모든 사건 내용을 기억하는 것은 아니다"라고 답했다. 당시 김 씨는 스포츠월드에 '내가 홍가혜의 정체를 공개한 이유'라는 제목의 기자 칼럼을 작성하기도 했다. 김 씨는 이 기사에서 트위터 내용을 옮긴 뒤 "밑바닥 인생을 살던 홍가혜는 성공을 위해 계속해서 거짓말을 했고 다른 사람의 인생을 살았다"라고 주장하기도 했다.

_미디어오늘, 2018년 09월 11일

김 기자는 검찰이 홍 씨를 기소하는 데 주요 참고인으로 8월 12일 재판정에 출석했다. 김 기자는 자신의 주장은 "'야구계 후배'와 '티아라 소속사 홍보실'의 설명에 근거한 것으로 당사자에게 직접 확인한 것은 아니"라고 밝혔다. 또한 김 기자는 홍 씨를 거짓말쟁이로 본 주요 근거였던 '사기 혐의 경찰 조사'와 관련해 "무혐의 처분을 받은 것은 몰랐다"라고 말했다. 또 '영화배우 되는 거 아닌가 몰라' 글은 홍 씨가 쓴 게 아니라 홍 씨를 사칭한 누리꾼의 장난이었던 것으로 뒤늦게 밝혀졌다.

_한겨레, 2014년 12월 26일

PD   많이 속상하셨을 거 같은데……

홍가혜   어떻게, 어떻게 그럴 수가 있을까 싶을 정도로. 그래서 하…… 제가 언론 소송하기 전까지는 밤에 잠이 안 오더라고요. 잠깐씩 이렇게 잠들었다가 막 가슴을 치면서 일어나요. 너무 답답해서. 진짜 생각하면 생각할수록 너무 괘씸하고 이상한 일인 거예요, 이게. 검증되지 않은 제보를 진실인 양 떠들고. 그거 대한민국에 못할 사람 누가 있어요?

내가 만만해서 그러나? (눈물) 그런 생각도 좀 많이 했어요. 사실 세월호 참사 때 제가 발언했던 건 사람을 빨리 구하자는 그 취지 이상도 그 이하도 아니거든요.

그것 때문에 이렇게까지…… 원치 않는 사생활이나, 제가 과거에 어떤 사람이었나 이런 것까지 다 알려져야 하나? 거짓으로. 거짓으로 내가 사회에서 매장돼도 되는 건가?

그 참사가 벌어진 현장을 두고 '상황이 이렇다'라는 것 정도는, 그 정도 말할 자격은 대한민국 사람 누구에게나 있는 거 아닌가요? 저는 정말로 묻고 싶었어요. 재판에서도. 기자가 나오면 물어보고 싶었어요. 내가 당신한테 뭘 그렇게 잘못했냐, 도대체 나한테 왜 이러냐고. 판사님한테도 얘기해주고 싶었어요. "판사님, 저는 이제 좀 그냥 살고 싶어요"라고……

'아, 내가 떳떳하다고 다 말해선 안 되겠구나, 입조심 해야겠구나'라는 생각도 했어요. 가족들까지 피해를 보니까. 한번은 페이스북에 저희 할머니 댁 주소가 유출된 적이 있었어요. 그랬더니 어떤 남자가 (할머니 댁에) 홍가혜 씨 팬이라고 하면서 선물 같은 거, 음료 같은 거 사 들고 왔대요. 그때 날씨 좋았을 때, 할머니가 집 밖에 (평상에) 앉아 계셨거든요.

한참 앉아서 얘기하는데, 그 사람이 '일간베스트'에서 저를 모욕하려고 만들었던 합성사진이 있었거든요? 그걸 저희 할머니한테 보여줬대요. 의도적으로. 악의적인 거죠. 그거 때문에 할머니가 크게 충격받으셨죠. (한숨) 나뿐 아니라, 물론 제가 피해보는 것도 억울하고 화나요. 근데 나로 인해서, 나로 인해서 다른 진짜 무고한 사람들도 피해를 보니까, 가족들이. 참을 수 없는 일이 돼버리는 거죠.

'나는 벗어날 수 없을지도 몰라. 죽어야 끝나나?' 그런 생각을 참 많이 했어요.

PD   얼마나 힘드셨는지 안 여쭤볼 순 없을 거 같아서 여쭤봤어요.

홍가혜   근데 얼마나 힘들었느냐, 이걸 말하기란 참 어려운 거 같아요. 이렇게 물어보는 기자분들도 많이 계셨고, 그래서 기자분들한테도 제가 얘기했어요. 그걸 질문이라고 하냐고. 왜냐하면 "너 얼마나 힘들었어?"라고 물어보는 것 자체가 말이 안 되는 거니까. 그런데 이제는 제가 겪은 일들이 사실 많은 사람들이 겪는 일은 아니다 보니까 궁금해하는 마음도 좀 이해가 되긴 해요. 그래서 저는 제 일상을 이야기했죠.

'일상이 없었다'라고.

일상을 살 수가 없었어요. 한 달에 한 번, 두 번꼴로 재판정에 서야 하고, 재판정에 서기 위해서는 변호사와 수없이 많이 얘기해야 하고, 또 내가 알고 있는 것들, 그리고 내가 찾은 것들도 갖다 주고, 이러다 보면 너무 힘들어요. 재판 끝나고 나서 또 한 일주일 힘들거든요. 그렇게 따지면 보름을 잡아먹는 셈이잖아요. 일상을 살 수가 없죠.

사람들이 지금도 엄청 악플을 많이 달아요. 저는 매번 거대한 벽에 부딪히는 기분이에요. 아무리 말해도 저 사람들에게는 내 말이 들리지 않는구나. 어느 순간 지치기 시작했어요. 처음에는 그런 사람들 붙잡고 "아니다, 사실은 이렇고 저렇고 당신들이 오해한 거다" 설득도 하고 그랬는데, 이젠 지치더라고요. 제 가족들을 공격하면서까지 저를 모욕하려고 하는 그 사람들의 태도, 댓글, 게시글들 보면…… 내가 이렇게 싸우는 게 무슨 소용이지?

제가 무슨 말만 하면 나한테 거짓말이라 하고, 허언증 환자, 사기꾼이라 그러고…… 그런 평가가 있는데 제가 어떻게 사회생활을 해요? 예를 들어서 제가 어디 식장에 취직을 하고 싶어도, 그 회사 오너 입장에선 제가 어떤 사람인지 당연히 알아보죠. "아, 이런 평가가 있는 사람이네?" 저를 채용하겠어요? 못 사는 거예요, 여기서는. 내 존재를 밝히지 않아도 되는 알바 정도 하거나. 그런데 나는 이제 내 자식, 아기가 있고 안정적인 생활도 해야 하는데 그게 안 되는 거예요. 지금도 답답해요, 저는. 이렇게 말하고 있는데도 미래만 생각하면 너무 눈앞이 깜깜해져서…… (한숨)

홍가혜 씨는 세월호 인터뷰 때 입었던 바람막이 점퍼를 버리지 못하고 있었다.

2014년 인터뷰 당시 26세였던 홍가혜 씨는 어느덧 30대가 되었고, 지금은 한 아이의 엄마가 되었다. 그녀는 새로운 시작을 위해 많은 일에 도전하고 있었다. 하지만 지금 그녀가 할 수 있는 일은 집에서 일본어를 번역하는 일뿐이었다. 옷장에는 세월호 참사 당시 입고 있었던 바람막이가 그대로 남아 있었는데, 그녀는 시간이 많이 흐른 지금까지도 그 옷을 버리지 못하고 있다고 했다. 홍가혜 씨에게 2014년 4월의 참사, 그리고 12분의 인터뷰는 그런 존재였다. 생각처럼 쉬이 떠나보낼 수도, 홀쩍 떠나올 수도 없는.

방송 날짜가 코앞으로 다가오고 있었다. 취재를 마무리해야 하는 시점이었다. 이제 남은 것은 가짜뉴스를 무책임하게 쏟아낸 기자를 찾아가 왜 그런 기사를 냈는지 묻는 것뿐이었다. 하지만 마음처럼 발이 쉽게 떨어지지는 않았다. 뭔가 껄끄러운 느낌이 들어서였다. 돌아보면 필자는 김기춘 전 비서실장이나 이명박 전 대통령 등 만만치 않은 취재 대상을 찾아가 직접 질문을 던진 적도 많았다. 물론 그때도 쉽지는 않았지만 망설여지지는 않았다. 하지만 이번은 조금 다른 느낌이었다.

사실 언론인을 대상으로 취재 방식이나 취재 내용에 대해 다시 취재한다는 것은 다소 불편한 일이다. 특히 타 언론사 기자에게 카메라나 마이크를 들이대는 것은 불문율처럼 여겨지고 있다. 동종업계 종사자끼리 서로 간섭하지 않으려고 하는 것과 비슷하다고 해야 할까. 고백하건대 "그러는 당신은 얼마나 떳떳하시냐?"라는 반박이 두려워서일 수도 있다. 정말 부끄러운 이야기다. 언론은 스스로에 대한 견제나 타 언론사를 비판하는 것에 익숙하지 않다. 오늘날 가짜뉴스가 넘쳐나게 된 원인이기도 하다.

그럼에도 묻지 않을 수 없었다. 객관적인 취재를 위해 반론도 들어야 했고, 확인이 필요한 다른 팩트가 있을지도 모르니까. 다른 어떤 생각보다도 그의 입장이 궁금했다. '도대체 왜?' 어쩌면 그 당시에 물었어야 할 그 질문을 꼭 하고 싶었다. 나는 강남 모 스튜디오에서 라이브 방송을 하고 있던 김 기자를 찾아갔다. 그리고 약 1시간 뒤, 라이브 방송을 마치고 나오는 김용호 기자를 만날 수 있었다.

PD   홍가혜 씨 관련해서 쓰신 글, 홍가혜 씨한테 혹시 하실 말씀 있으신가요?

김용호 기자   (웃음)

PD   사실과 다른 내용에 대해서 정정기사 올리실 생각 없으신가요?

김용호 기자   (웃음)

PD   트위터에 올리신 글 있잖아요. 대본을 받았다라거나, 야한 영화라든가, 그런 글들은 사실로 알고 쓰신 건가요?

김용호 기자   (웃음)

PD	언론인으로서,
김용호 기자	네.
PD	쓰신 기사가 사실과 다르다고 하면 정정기사를 써주셔야 하는

거 아닌가요?

김용호 기자　정확한 제 입장을 말씀드리면, 저는 이 사건에 대해서 지금 재판이 진행 중이니까, 제 모든 입장은 제 변호사를 통해서 재판장에 전달하도록 하겠습니다. 그리고 그 나온 결과에 대해서 제가 이야기하겠습니다.

PD　그러면 기자님이 쓰셨던 트위터 글이나 기사는 모두 사실이다, 라는……

김용호 기자　그거는 제가 재판장에서 그거를……

김 기자 측근　지금 여기서 대답해야 할 이유가 있습니까, 우리가?

하지만 김용호 기자는 관련 재판에 출석하지 않았고 입장을 대변할 변호사조차 선임하지 않았던 것으로 알려졌다. 결국 나는 그로부터 어떠한 공식적인 입장도 들을 수 없었다. 법원은 사실상 변론의 의지조차 보여주지 않았던 김용호 기자에게 손해배상 판결을 내렸다. 판단 요지는 다음과 같았다.

> **판단.**
> 언론 보도 또는 트위터 글에 실린 허위사실로 인하여 (원고가) 심각한 정신적 고통을 받았을 것이므로, 피고들은 그로 인한 손해를 배상할 의무가 있다.

그렇다면 손해배상액은 얼마나 될까. '그 무엇으로도 되돌릴 수 없고 보상할 수도 없는' 피해에 대한 대한민국 법원의 판단은 어땠을까. 법원은 세계일보, 데일리스포츠월드에 각 500만 원, 김용호 기자에게 는 1000만 원을 배상하라는 판결을 내렸다.

홍가혜 씨가 세계일보, 데일리 스포츠월드, 김용호 기자를 상대로 낸 소송의 판결문

PD　　　　손해배상 판결받은 액수가 500만 원, 1000만 원이네요?

홍가혜　　어이없죠. 이렇게 사람을, 다시는 사회생활을 어떻게 해야 할지도 모를 정도로 한 사람의 삶을 망가뜨리고, 온 가족들의 마음에 상처 다 남기고, 그렇게 만들어놓고 500만 원, 1000만 원…… 정말 화나더라고요. 그 사람이 여태 까지 벌어들였던 부와 명예는요? 누렸던 것도 더 많았겠죠? 나도 그럴 수 있겠 어요. 배상액이 500만 원, 1000만 원인데, 그 돈 그냥 내고 하면 되겠네. 안 그 래요? 법이 그렇게 만들어요, 지금. 굉장히 큰 문제예요.

저는 저한테 사실 확인도 안 하고 기사를 썼던 분들이 지금 와서 반성하고 있다고 생각하지 않아요. 그냥 운이 없어서 걸렸다고 생각할 거 같아요. 저는 기자라는 직업을 솔직히 잘 몰라요. 잘은 모르지만 이런 방송을 만드는 일을 하시는 분들이나 기자분들은 사람을 죽이는 게 아니라 살리는 일을 해야 한다고 생각했어요. 그게 저널리즘 또는 기자들의 의무라고 생각했거든요? 근데 제가 세월호 참사를 겪으면서 깨달았던 건 결국 사람을 살리는 일을 하는 게 아닌 것 같아요. 정말 일말의 양심이 있다면 앞으로는 그러지 않았으면 좋겠어요. 그냥 제 선에서 이런 비극의 역사가 끝났으면 좋겠어요.

홍가혜 씨는 허위사실을 유포했던 19곳의 언론사를 상대로 소송을 제기했고 모두 승소했다. 특히 디지틀조선일보의 경우 이례적으로 6000만 원의 배상 판결을 받았다. 그리고 2018년 11월 29일. 대법원은 홍가혜 씨의 해경 명예훼손죄에 대하여 무죄를 확정했다. 12분짜리 현장 인터뷰를 했던 2014년 4월 18일로부터 무려 1687일이 흐른 뒤였다. 판결문의 요지는 다음과 같다.

허위이고 그 사실이 허위임을 인식하여야 하며, 이러한 허위의 인식에 대한 증명책임은 검사에게 있다. 여기에서 사실의 적시는 가치판단이나 평가를 내용으로 하는 의견표현에 대치되는 개념으로서 시간적으로나 공간적으로 구체적인 과거 또는 현재의 사실관계에 관한 보고나 진술을 뜻한다. 적시된 사실의 중요한 부분이 객관적 사실과 합치되는 경우에는 세부적으로 진실과 약간 차이가 나거나 다소 과장된 표현이 있더라도 이를 거짓의 사실이라고 볼 수 없다. 거짓의 사실인지를 판단할 때에는 적시된 사실 내용 전체의 취지를 살펴 객관적 사실과 합치하지 않는 부분이 중요한 부분인지 여부를 결정하여야 한다(대법원 2011. 6. 10. 선고 2011도1147 판결 등 참조).

정보통신망법 제70조 제2항, 형법 제309조 제2항이 정한 '사람을 비방할 목적'이란

홍가혜 씨의 해경 명예훼손죄에 대한 대법원의 무죄 판결문

PD　　재판 과정은 어땠나요?

홍가혜　　저는 재판을 하면 할수록 억울해지더라고요. 내가 여기 피고인석에 서야 하는 게 아닌데…… '피고인 홍가혜'라고 불릴 때마다 미치는 줄 알았어요. 판사가 '피고인, 피고인' 이렇게 얘기하잖아요. 돌아버리겠는 거예요. '증인'이라고 불리는 사람이 여기 피고인석에 서야 하는데. 해경, 해경청장, 나를 도망자로 만들었던 경찰, 저 사람들이 피고인이 돼야 하는데 내가 왜 피고인이지? 나는 이 사건의 증인인데. 지난 5년 동안, 그 시간 동안 저는 피고인 신분이었죠. 그게 제일 억울해요. 그 긴 시간 동안 나를 피고인으로 만들어서 사람들한테 피고인 대접을 받게 했으니까.

교도소에 있을 때 교도소장이 저를 불렀어요. 뭐 자극할 거 없이 그냥 위에다가 반성문이라고 쓰고 하고 싶은 말 쭉 쓰라고 하더라고요. 그래서 제가 감방으로 돌아가서 엄청 많이 울었어요, 그날. 납득이 안 돼서. 왜 내가 반성문을 써야 하는지. 나는 사람들을 도우려고 한 건데 내가 오해를 했던 거구나, 뭐 이런 생각도 했었고. 그래서 '반성문'이라고 위에 쓰기는 했지만, 거의 뭐 진술서 형태로 썼어요. 그때 검찰 조사관이 저한테 그랬거든요. "주제를 알아야지." 그래서 제가 반성문에 '제가 주제도 모르고 이렇게 나섰던 거 같다'라고 쓰게 된 거죠. 죄송하다고.

석방되고 나서 참 많이 힘들었어요. 근데 사실 그때는 내가 법정에서 싸우면 밝혀지겠지, 라는 믿음이 있어서 버틸 수 있었는데, 1심 무죄판결 받고 나서 엄청 많이 무너지더라고요. 여러 가지 생각이, 감정이 들었어요. 이렇게 무죄판결이 날 것을 왜 그랬을까? 그런 생각이 들더라고요. 결국 나를 잡아 가두고 나를 거짓말쟁이로 만들었던 사람들이 어쩌면 바랐던 대로 메시지는 죽었고, 메신저는 이상한 사람이 되었으니까. 제가 이제 앞으로 사회 나와서 무슨 말을 하든 안 믿을 거니까. 목적이 이거였나?

현장의 목소리를 가둔 거죠. 저 하나 가둔 게 아니라. 저를 가둠으로 인해 현장의 목소리들을 가뒀어요. 근데 거기서 제일 억울한 사람이 누구겠어요? 그 목소리가 삭제됨으로 인해서 구조나 조치를 받아야 했던 사람들이 아무런 도움을 받지 못했잖아요. 그게 아직도 저를 화나게 하죠, 너무…… (한숨)

PD   앞으로의 계획은요?

홍가혜   국가를 상대로 소송을 시작했어요. 내가 싸우는 시간이 다 헛된 것 같고, 이기지 못할 싸움일지도 모른다고 생각하면서도 시작했어요. 나 같은 사람도 포기하지 않고 싸우고 있다는 것을 남겨놓고 싶어서. 처음에 제가 이런 일을 겪고 저와 비슷한 사례의 사람들이 어떻게 싸웠고 어떻게 이겼는지 그런 전례를 찾아봤는데, 이긴 사람이 아무도 없었어요. 그게 너무, 제일 힘들었어요. 무례하고 또 부당한 수사로 인해 피해를 입은 사람이 국가 상대 소송을 진행했을 때, 피해자의 손을 들어준 역사가 없어요. 반드시 이기고 싶어요, 지금은 그래요.

홍가혜 씨는 1687일이나 되는 긴 터널을 지나왔다. 그 시작도 끝도 알 수 없는 깜깜한 길 위에 그녀는 우두커니 혼자 서 있었다. 그 어느 때보다 화사하고 생기가 넘쳤어야 했던 그녀의 20대는 온전히 그 터널 안에서 흘러가야만 했다. 그런데 그 터널의 끝에서 홍가혜 씨는 다시 기나긴 싸움을 시작했다. 이번에는 정말 그 끝이 어디인지 알 수 없다. 그럼에도 그녀는 계속해서 걷고 있다. 자신의 뒤에 서 있을지 모를 누군가를 위해. 그렇게 작은 빛 구멍 하나만 바라보고 다시 뚜벅뚜벅 걸어가고 있다.

홍가혜 씨와의 정식 인터뷰는 두 차례에 걸쳐 총 6시간 넘게 진행됐다. 인터뷰 중간중간 보채는 딸아이를 달래느라, 또 이것저것 묻는 변호사와 전화 통화를 하느라 정신이 없기도 했다. 하지만 그녀는 결코 이야기의 흐름을 놓치지 않았다. 언제든 그날로 돌아갈 수 있었고, 언제든 다시 돌아올 수 있었다. 이미 누군가에게 수도 없이 말했을 자기 자신의 이야기는 지난 5년간 단단하게 다져져 있었다.

그런 그녀에게 나는 특별히 꺼내 들 질문이 없었다. 그저 조용히, 때로 울기도 때로는 웃기도 했던 그녀의 목소리에 귀를 기울였을 뿐이었다. 그런데 마지막 인터뷰가 끝나갈 무렵 무심코 한 가지 질문이 떠올랐다. 실례가 될 수 있고, 또 식상한 질문일지도 모른다는 생각도 들었다. 그래도 한번 물어보기로 했다. 나의 마지막 질문이었다.

PD   다시 2014년 4월 18일로 돌아간다면 어떨 거 같아요? 그래도 인터뷰하시겠어요?

짧게 고민했지만, 홍가혜 씨는 망설임 없이 입을 열었다.

홍가혜   하겠죠? 해야죠, 당연히. 그 현장에서 "왜 해요?"가 아니에요. 누구나 할 수 있는 인터뷰였어요. 그리고 그 당시에는 정말 정부가 너무 말도 안 되게 거짓말을 하고 있었어요. 그런 걸 다 떠나서, 정부 비난이고 뭐고 다 떠나서, 사람이 옆에서 죽어가고 있는데 모른 척합니까? 내가 들어가서 살려내지는 못할망정 살려달라고는 해야죠. 저는 그렇게 살았어요.

2014년 4월 16일, 제주도로 향하던 한 대형 여객선이 가던 길을 멈췄다. 이 배에는 수학여행을 떠나는 고등학생들을 포함해 누군가의 소중한 가족이었던 승객 476명이 있었다. 배는 기우뚱하더니 점점 바닷속으로 가라앉기 시작했다. 믿고 싶지 않은 참사였고, 받아들이기 어려운 비극이었다.

어쩌면 우리에게는 분노해야 할 '대상'이 필요했던 것일지 모른다.

그 대상은 마침 TV에 제 발로 나타났으며, 허술한 차림새의 새파랗게 젊은 여성에게는 어울리지 않는 '민간 잠수사'라는 자막을 달고 있었다. 또 그녀가 내뱉는 말은 누군가를 매우 불편하게 만들었다. "해경이 구조를 막고 있다", "지원이 안 되고 있다" 등, 그냥 흘려듣기에는 너무 날카로운 말들이었다.

마침 그녀에게는 독특한 과거도 있었다. 일본 대지진 때는 '어떻게든 인터뷰에 한 번 등장하고 싶어서 도쿄까지 찾아가 교민 행세'를 했으며, '연예부 기자를 사칭'해 연예인들과 사진을 찍거나 '사촌 행세'를 했고, 심지어 '야한 영화의 배우가 되고 싶어서' 팽목항을 기웃거리기까지 했다. 우리는 '그 젊은 여자'가 너무 미웠고 괘씸했다. "어떻게 이 시국에 감히 이런 사람이 돌아다닐 수가 있어?" 경찰은 이 '괴담녀'를 체포했고, 수십 대의 카메라가 몰려들어 수백 개의 기사를 매일같이 쏟아냈다. 그녀는 '이렇게 당해도 싼 사람'이었고 '허언증 환자'였으니까.

그러는 사이 제주도로 향하던 어떤 배는 서서히 가라앉고 있었다. 애꿎은 비는 추적추적 팽목항을 적시고 있었고, 부두에 우두커니 선 실종자 가족들은 얇은 담요 하나만 뒤집어쓴 채 도와달라고, 살려달라고 울부짖었다. 하지만 언론은 이들의 목소리를 외면했다. 그리고 언론은 500여 명의 잠수사를 투입하고 있다는 해경청장과 최선을 다하고 있다는 대통령의 말만 그대로 내보냈다. 그저 그런 줄로만 알았다. 하지만 그날, 우리는 누군가의 소중한 가족이었던 304명을 잃었고, 간절히 믿고 싶었던 어떤 반가운 뉴스에 완전히 속고 말았다. 그날, 우리가 영원히 기억해야 할 '진짜 가짜뉴스'는 바로 이것이었다.

02

난민을 괴물로 만든
가짜뉴스

난민 문제는 세계적으로 뜨거운 현안이다. 국제적으로 난민이 급증하면서 이들의 수용 여부를 놓고 주요 국가에서 의견 마찰이 일어나고 있다. 지난 2020년 6월 20일, '세계 난민의 날'을 맞아 유엔난민기구 UNHCR가 발표한 보고서에 따르면, 2019년 말 기준 타국으로 강제 이

주한 난민은 2960만 명이다. 2018년 말 2590만 명보다 370만 명이나 급증한 것이다.

난민은 기본적으로 피난처가 필요한 사람들이고, 돌아갈 곳이 없기에 일정 기간 피난처 안에서 살아가야 한다. 전쟁이나 박해의 위험 때문에 집을 떠나 고국으로 돌아갈 수 없는 난민들, 우리에게 아직은 낯설지만 어느 누구도 외면할 수 없는 문제이다. 우리나라는 아시아에서 최초로 난민법을 시행했지만, 실제로 난민 신청자를 대하는 시민의 의식은 차갑기만 하다. 온라인에는 난민에 대한 온갖 거짓 정보와 혐오의 글이 넘쳐난다. 우리나라의 난민법과 난민에 대해 떠도는 무성한 가짜 뉴스들을 살펴본다.

2018년 제주, 예멘 난민이 밀려왔다

2018년 제주를 찾은 예멘 난민이 한국 사회에 던진 파문은 컸다. 남의 일인 줄 알았던 난민 문제가 우리의 문제로 다가오면서 난민에 대한 한국 사회의 이중적인 시각이 드러났다. 2015년 터키의 한 해안가에서 세 살배기 시리아 난민 '알란 쿠르디'가 차가운 시신으로 엎드린 채 발견됐을 때, 한국 사회에는 '진심으로 가슴 아프다'는 여론이 지배적이었다.

그러나 2018년 제주도에 상륙한 예멘 난민들에 대해서는 그렇지 않았다. 총 561명이 입국했고, 그중 549명이 난민 신청을 했다. '제주도에 온 예멘 난민을 추방해달라'는 국민 청원이 줄을 이었고, 이는 '이슬람

공포증'으로까지 번졌다.

돈 벌러 온 가짜 난민, 국내 치안과 세금 낭비가 우려된다는 주장, '테러리스트'라는 혐오 발언이 쏟아졌다. 근거 없는 두려움과 편견은 더 커져갔고, 난민 옹호를 '감성팔이'라며 매도하는 사람들도 생겨났다. 청와대 국민청원 게시판에서는 '난민법, 무사증 입국, 난민 신청 허가 폐지 및 개헌'을 청원하는 글이 70만 명의 동의를 얻기도 했다.

분단과 내전 중인 예멘

SNS와 온라인 커뮤니티에서는 예멘 난민 수용을 둘러싸고 논란이 뜨거웠지만, 사람들은 정작 예멘이 어떤 나라이고 어떤 역사가 있는지 잘 모른다. 예멘 난민이 제주도에 오게 된 근본적인 이유는 2015년부터 시작된 예멘 내전 때문이다. 2015년, 예멘에서는 정부군 수니파와 시아파 후티 반군이 격돌했다. 오랜 독재 정치와 4년 가까이 이어진 내전으로 예멘 국민은 세계 각국으로 흩어지게 됐는데, 이 과정에서 200만 명 이상의 난민이 발생하게 된 것이다.

예멘은 현재 지구상에서 가장 살기 힘든 나라 중 하나가 되었다. 분쟁으로 인해 집은 물론 식량이나 마실 물조차 구하지 못하는 예멘인이 2200만 명이다. 뉴욕 전체 인구를 웃도는 숫자다. 전 인구의 75% 정도가 인도적 지원에 의지하고 있다. 예멘 난민은 200만 명의 실향민이 있는 국가에서 목숨 걸고 넘어온 것이다.

그들은 왜 말레이시아에서 한국행을 택했을까?

전 세계 난민의 85%는 인접국에 체류한다. 국내 상황이 진정되면 돌아가기 위해서다. 특이한 것은 제주도에 입국한 예멘 난민은 대부분 말레이시아에서 지내다가 한국으로 왔다는 것이다. 이들은 예멘 사태 초기에는 좁은 해협을 건너면 닿을 수 있는 아프리카의 지부티에 머물다가 같은 이슬람권인 말레이시아로 이동하게 되었다. 말레이시아는 난민법이 없고 난민 협약에 가입하지 않은 나라이지만, 굉장히 많은 난민을 보호하고 있다. 하지만 난민법이 없기 때문에 난민으로 인정받을 수는 없다.

말레이시아에서는 90일간 체류할 수 있는데, 난민 지위가 안정적이지 못해서 아이들의 교육, 의료 환경 등에 문제가 있다. 예멘 난민은 체류 만료 시한이 다가오자 난민 지위를 인정받을 수 있는 국가를 찾게 되었다. 강제송환의 위험에서 벗어나 안정적이고 분명한 '난민' 자격을 인정받을 수 있는 나라에 한국이 포함되었다. 제주도의 '무사증(무비자) 제도', 그리고 2018년 4월부터 시작된 말레이시아 쿠알라룸푸르와 제주 간 직항기 취항(이때 편도 요금이 7만 7천 원이었다)도 급격한 난민 입국에 영향을 주었다.

난민법으로 알아본 난민 인정

난민이란 '정치, 종교, 신념 등의 문제로 박해를 받고 있으며, 자국으로부터 적절한 보호를 받지 못해서 자국을 떠나 다른 나라에서 보호받기를 원하는 사람'이다. 이들은 본국으로 돌아가면 정부, 경찰, 지역 주민 혹은 가족으로부터 박해를 당할 위험이 있다. 따라서 경제적 목적이나 학업을 위해 온 사람들은 난민으로 인정받을 수 없다. 난민으로 인정된 자나 난민 신청자, 인도적 체류자 등은 자국으로 강제송환되지 않으며, 구금, 폭력 등을 포함한 비인도적인 대우를 받지 않는다. 난민이라도 인권이 보장되어야 한다는 말이다.

한국은 1992년과 1993년에 각각 난민협약과 의정서를 발효하며 난민의 권리를 보장할 의무를 공식적으로 갖게 됐다. 이후 2012년 2월 10일 아시아 최초로 '난민법'을 제정해 2013년 7월부터 시행했다. 이렇게 한국은 30여 년 가까이 난민 정책을 운용해왔다.

한국에서 난민 심사를 통과한다는 것

난민 신청과 관련해서 살펴볼 것은 난민 수용 비율이다. 2019년 말 기준, 우리나라 난민 신청률은 전 세계 난민 신청의 0.4%(15,452건)로, 세계 평균 38%에 한참 못 미친다. 특히 2019년도에 심사를 통해 인정된 이들은 단 42명에 불과, 사상 최악의 인정률을 기록했다.

난민 심사 기간을 살펴보면, 1차 심사 결과를 받기까지 최대 46개월의 시간이 소요되며, 모든 절차를 통과하는 데 최소 평균 5년, 최장기 20여 년의 시간이 걸리기도 한다. 이처럼 난민 신청자의 대부분은 바늘구멍보다 뚫기 어려운 난민 심사의 벽 앞에서 생존의 위협을 감내하며

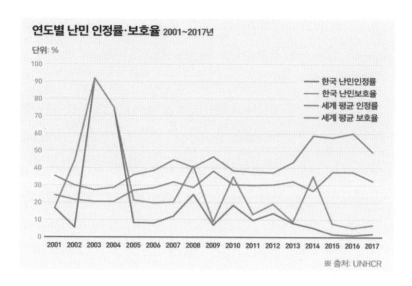

연도별 난민 인정률·보호율 2001~2017년

단위: %

범례:
— 한국 난민인정률
— 한국 난민보호율
— 세계 평균 인정률
— 세계 평균 보호율

※ 출처: UNHCR

살고 있다. 세계 꼴찌 수준의 난민 인정률, 난민 심사 통과의 어려움, 하지만 더 높은 문턱은 난민에 대한 몰이해, 배제와 편견 등 마음의 장벽이다.

"우리는 한국의 아름다운 섬을 파괴하러 온 괴물이 아닙니다."
난민에 대한 오해와 진실
① "가짜 난민이 섞여 있다."

난민 수용을 반대하는 이들은 예멘 난민 500여 명 중 '가짜 난민'이 있다고 주장한다. '보트 피플boat people'과 달리 비행기를 타고 한국에 왔고, 휴대전화를 사용한다는 것이다. 예멘 난민 신청자 549명 중 남성이 504명, 여성이 45명이다. 대다수가 젊은 남성이라는 점을 들어 이들이 '전쟁이 아닌 다른 이유로 왔다', '전쟁에서 가장 취약한 여성들과 아이들은 오지 않고 멀쩡한 성인 남성만 입국했다', '이슬람교를 포교하기 위해서 왔다' 등의 가짜 소문은 끊이지 않고 있다.

하지만 성인 남성이 많다고 해서 그들을 가짜 난민으로 볼 수는 없다. 내전이 발생하면 남자들은 정부군이나 반군에 군인으로 끌려가기 때문에 참전을 피해 망명하는 경우가 많다. 여성과 아이들은 보통 인접 국가 난민촌에 있고, 남성은 먼 타국으로 넘어가 가족의 생계를 책임지는 것이다.

유엔난민기구 친선대사인 배우 정우성 씨

"사람들은 '난민은 헐벗고 가난하고 약한 사람'이라는 고정관념을 가진다. 그래야만 '저 사람은 진짜 난민이니까 우리가 도와줘야 한다'고 생각한다. 그런데 난민은 거지가 아니다. 한 나라에서 우리와 똑같이 생활하던 누군가다. 그들 중에는 대학교수도 있고 공무원도 있고 은행가, 비즈니스맨, 컴퓨터 공학자 등 다양한 사람이 있다. 다만 그 나라에 전쟁이 나고 안전을 위협받기 때문에 챙겨 나올 수 있는 현금이나 재산을 들고 피신한 거다. 그게 장기화되면서 재산은 바닥나고 직업도 구하기 힘들어진 것. 아이들을 학교에 보내거나 의료 혜택을 받을 수 있는 제도적 뒷받침은 없는 어려움에 부닥친 사람이다.

사람마다 처지는 다 다르며, 중요한 것은 이들이 왜 고국을 빠져나올 수밖에 없었는지 살펴보는 것이다. 예멘은 전 세계에서 가장 지옥과 같은 곳이라는 말을 들을 정도로 상황이 좋지 않다. 이를 생각지 않고 비행기를 타고 왔다는 이유로 가짜 난민 취급하는 건 타당하지 못하다."

_정우성, 배우·유엔난민기구 친선대사

어떤 이들이 난민인지 아닌지 판단하는 것은 법무부의 몫이다. 어떤 나라도 자신이 난민이라며 보호를 요청하는 이들을 거부하거나 강제 송환할 수는 없다.

② **"난민이 우리의 일자리를 빼앗아간다."**

예멘 난민의 대표적인 가짜뉴스는 '일자리 문제'다. 난민법은 난민 신청 후 심사를 기다리는 6개월간 취업 금지를 기본으로 한다. 그동안 난민으로 인정받거나, 6개월이 넘도록 심사가 끝나지 않거나, 인도적 체류 허가를 받으면 일을 할 수 있다. 그런데 6개월간 일을 하지 못하면 생계에 문제가 생기기에 정부가 인도적 차원에서 예멘 난민이 취업하는 것을 도와주고 있다. 물론 본국에서의 직업 및 전공과 무관하게 단순노무직에 한해서만 취업이 가능하다. 양식업이나 농장, 어선, 식당, 건설현장, 가구 공장 등 허가된 직종에서만 일할 수 있는데, 대부분 한국인이 기피하는 곳이다. 일손이 부족한 업종이라 난민들이 한국인의 일자리를 빼앗는다는 건 논리적 비약이다.

우리가 취재 중 만난 예멘 난민 압둘라와 왈리드는 화장품 공장에서 화학용기 세척하는 일을 하고 있었다. 정부가 주는 생계비 지원은 전혀 없다고 했다. 그들은 최저임금에 못 미치는 월급을 받고 있었지만, 건강보험, 고용보험, 상조회비, 소득세, 지방소득세, 장기요양보험료까지 꼬박꼬박 내고 있었다.

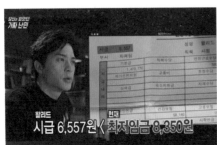

한국의 난민 심사 절차는 엄격하다. 난민 신청자는 자신의 신분과 본국에서 박해받거나 위협받은 상황을 소상하게 제출해야 하고, 정부 기관은 이를 철저하게 검증한다. 이 과정에서 거짓 진술이 발견될 경우 난민으로 인정받기 어렵기 때문에, 위장 취업을 위해 난민 신청을 한다는 건 사실과 거리가 멀다.

③ "정부는 난민에게 매달 138만 원씩 정착 지원금을 지원하고 있다. 난민에게 돈을 쓰는 것은 비합리적이다."

정부가 제주의 예멘 난민들에게 매달 138만 원의 지원금을 준다는 소문이 있었지만, 이는 사실이 아니다. 정부의 지원을 받으려면 난민 지위가 인정돼야 한다. 난민 심사를 통과하기 전에 경제적 지원을 받는 경우는 극히 드물다. 물론 난민 신청을 한 뒤 출입국관리사무소에 생계비 지원 신청을 할 수는 있다. 통과되면 지원을 받을 수 있는데, 1인당 432,990원이다. 그나마도 난민 지원 시설을 이용하면 반으로 감액돼 216,450원을 받게 된다. 138만 원이라는 금액은 4인 기준 지원금이 1인당 지원금으로 잘못 알려진 것이다.

생계비는 6개월만 지급되고 그 이후에는 생계비 지원이 끊긴다. 그런데 난민 사이에 이 생계비에 대한 정보가 부족해 신청자도 매우 적고 심사도 까다로워서 전체 난민 신청자의 4%만 혜택을 받고 있다. 따라서 '난민이 내가 받을 혜택을 받고 있다, 138만 원의 세금을 가져간다'는 소문은 사실이 아니다.

④ "난민이 늘어나면 범죄가 증가한다."

유튜브 영상을 보면 '난민을 먼저 수용했던 유럽 국가들이 난민 범죄가 급증해 혼란에 빠졌다'는 우려도 있었다. 엄청난 비용 문제에 성범죄 문제까지 일어난다고 주장하기도 했다. 하지만 우리가 접하는 유럽의 소식은 언론에 의해 선택적으로 보도되는 일부일 뿐이다.

도널드 트럼프 전 미국 대통령은 트위터에서 "독일에서 난민 이민자를 수용한 이후 범죄가 10% 늘었다"고 주장했는데, 독일은 이를 정면으로 반박했다. 2018년 5월, 호르스트 제호퍼 독일 내무장관은 "현재 독일 내 범죄율은 최근 30년간을 통틀어 가장 낮은 수준"이라고 했다. 독일의 내무장관이 발표한 '2017년 경찰 범죄 통계'를 보면 2017년 독일에서 발생한 범죄는 2016년보다 9.6% 줄었고, 특히 비독일인 범죄도 22.8% 줄었다.

물론 난민들이 거대 규모로 밀려 들어와서 사회적 문제가 발생할 수도 있겠으나, 우리나라는 사회적 문제가 될 만큼 난민을 받아들인 전례가 없다. 최근 5년간 제주에서 발생한 범죄 현황을 살펴보면 예멘인이 연루된 범죄는 없었다. 2018년 6월, 예멘 난민 신청자 M씨는 수십만 원이 든 지갑을 주웠다가 경찰서를 통해 주인에게 돌려주기도 했다. 난민으로 인정받지 못해 제대로 된 일자리를 구하지 못한 상황이었지만, 남의 돈이니 돌려줘야 한다고 생각했고 문제를 일으키고 싶지 않았다고 했다.

스스로 난민이라는 지위를 알고 있기에 우리나라의 질서나 법규를 잘 지키려고 노력하고, 무엇보다 난민 심사과정에서 범죄행위가 적발되면 강제송환되기 때문에 누구보다 국내법을 잘 지킨다고 했다.

난민이 잠재적 범죄자가 될 수 있다는 생각 자체에 이미 차별과 편견이 들어 있다. 세계 어느 나라에서도 난민이나 이주민이 증가하면서 범죄율이 상승했다는 통계는 없다. 그런 논리라면 국내 소외계층이나 특정 집단도 얼마든지 잠재적 범죄자로 취급될 수 있는 위험성이 존재한다.

오히려 가장 크게 늘어난 것은 난민을 향한 증오 범죄였다. 독일 내무부 집계에 따르면 2016년 한 해 동안 난민과 난민보호소를 향한 공격이 3533건에 달했다. 이 가운데 2545건이 난민 개인을, 988건은 방화 등 난민이 머무는 숙소를 겨냥한 것이었다. 2014년 발생한 비슷한 방화 사건이 199건인 점을 감안하면 2년간 3배 이상 늘어난 것이다.

난민 수용에 앞장서온 독일 메르켈 총리는 2015년 전폭적인 난민 수용을 밝히며 "우리는 감당할 수 있다"고 말하기도 했다.

난민 정거장 말레이시아, 16만 명의 난민을 포용하다

말레이시아에는 현재 16만 2천여 명의 난민이 체류하고 있다. 하지만 말레이시아는 우리나라와 달리 유엔난민협약 가입국이 아니며, 독자적인 난민법도 없다. 말레이시아에 도착하는 난민은 유엔난민국의 심사를 거쳐 일종의 난민 신분증을 받게 된다. 하지만 공식적으로 말레이시아는 그 누구도 난민으로 인정하지 않는다. 그럼에도 16만 2천여 명의 다국적 난민이 말레이시아에 체류하고 있다. 말레이시아처럼 말

없이 실질적으로 난민을 보호하고 포용하는 국가도 많다. 2019년, 취재를 위해 말레이시아 난민촌을 방문했다. 난민이 되기까지 이들은 하루하루를 두려움에 떨며 살아가고 있었지만, 하지만 열심히 일하고 공부하고 있었다. 다른 나라로 이동해서 다시 살아갈 희망을 꿈꾸기 때문이다.

하지만 그들은 더 이상 한국을 제3국, 희망의 장소로 생각하지 않는다고 했다. 한국이 2018년 제주 예멘 난민 사태 이후 난민 입국을 더 이상 허락하지 않기도 하지만, 근거 없이 떠도는 난민에 대한 가짜뉴스들 때문이라고 했다.

말레이시아 사회연구소 소장은 "예멘인들을 테러리스트라고 한다. (…) 하지만 그들은 전쟁이 싫어서 도망친 사람들이다. 싸우기 싫어서 나온 그런 사람들을 테러리스트라고 하는 게 이해가 안 된다"고 말했다.

한국은 예멘인들의 선택지가 아니라는 거죠
우리가 가고 싶은 나라가 아니죠

무함마드 라디 예멘 난민협회장은 "한국은 예멘인들의 선택지가 아니다"라고 말한다.

배우 정우성 씨는 유엔난민기구 친선대사 활동을 담은 책『내가 본 것을 당신도 볼 수 있다면』(2019)에서 다음과 같이 언급했다.

"난민을 만날수록 이들이 특별한 존재가 아님, 내전이나 폭압 등의 특수한 상황이 벌어지기 전까지는 우리와 다를 바 없었던 평범한 사람들임을 깨달았다. 난민을, 그리고 난민촌을 직접 한 번이라도 경험해 본다면, 그들을 돕는 문제에 대해, 그리고 유엔난민기구의 존재 이유에 대해 의문을 품지 않을 거라고 생각한다."

가짜뉴스 처벌은?

난민 문제 해결을 위해서는 무엇보다 각국의 여론이 중요하다. 하지만 여론을 왜곡하고 민주주의를 좀먹는 가짜뉴스는 계속 넘쳐난다. 난민과 우리를 정상과 비정상으로, 이쪽과 저쪽 사람으로 가른다. 하지만 이런 소문은 문제를 더 커지게 만들 뿐이다. 그래서 이를 규제해야 한다는 목소리가 높다. 표현의 자유를 제한한다는 우려도 있지만, 차별금지법이 있는 다른 나라들은 명백한 혐오 주장의 경우 무관용 원칙을 적용해 처벌하고 있다.

가장 강력한 제도를 운영하는 나라는 독일이다. 독일은 2018년부터 '플랫폼(정보유통매체) 사업자의 가짜뉴스 삭제 의무'를 명문화했다. SNS 회사에 혐오 발언을 담은 게시물과 영상 등을 삭제할 의무를 부과하고, 이행하지 않을 경우 최대 5천만 유로(한화 약 670억 원)의 과태료를 부과하는 내용이다. 혐오 발언을 엄벌하는 현행법을 인터넷까지 확대한 조치라 볼 수 있다.

독일 기자 안톤 숄츠는 "가짜뉴스는 병처럼 빨리 퍼지는 것이다. 플랫폼 사업자도 가짜뉴스가 확산되지 않게 책임감을 느껴야 하기 때문에, 지키지 않을 경우 엄중한 처벌을 받아야 한다"고 말했다.

우리나라에서도 독일 법안과 유사한 일명 '가짜뉴스 방지법' 제정

논의가 이루어지고 있다. 2020년 6월, 정청래 더불어민주당 의원은 가짜뉴스·허위보도로 인한 피해에 3배의 손해배상을 하도록 하는 '징벌적 손해배상제도 법안'을 발의했다. 가짜뉴스, 허위사실 등을 보도한 언론에 대해 손해배상을 청구할 수 있도록 하는 내용이다. 정 의원은 "최근 언론사에서 진행한 여론조사에서 허위 조작 가짜뉴스를 보도한 언론사에 대한 징벌적 손해배상제 도입에 81%의 국민이 찬성하는 것으로 나타날 정도"라며, "언론으로 인한 피해에 대해 국민의 경각심이 높은 실정"이라고 지적하기도 했다.

Beyond Distancing : 거리두기를 넘어서, 모두가 연결되어 있다

'세계 난민의 날'(6월 20일)을 기념해, 제6회 난민영화제가 2020년 6월 13일부터 27일까지 열렸다. 영화제의 주제는 'Beyond Distancing : 우리는 모두 연결되어 있다'이다. 몇 해 전 한국을 찾아온 예멘 난민들과의 거리두기를 넘어서 '모두가 연결되어 있다'는 마음을 갖자는 것이다. 이제 그들을 우리와 다른 사람으로 구분하고 가를 것이 아니라, 같은 사람이라는 생각으로 닫힌 마음의 문을 열어야 할 때이다.

아인슈타인, 김구, 김대중, 예수도 한때 난민이었다. 한국을 찾은 난민들도 애초에 난민으로 태어난 것은 아니다. 이 세상에 살고 있는 누구라도 자국에 내전이 발생하고 박해의 위험이 생기면 나라를 떠날 수 있다.

지금의 난민과 비슷했던 역사 속 우리의 모습

난민은 역사 속 우리의 모습과도 많이 닮아 있다. 한국에 온 난민들은 한국이 지나온 역사적 사건과 비슷한 상황에 놓인 국가 출신들이다. 과거 한국의 그 누구도 일제강점기와 한국전쟁을 겪고 싶지 않았고, 민주화 운동을 향한 탄압을 원하지 않았을 것이다. 그리고 우리나라는 엄연히 전쟁이 종결되지 않은 '휴전'의 상태에 놓여 있다. 우리도 언제든 난민으로 전락할 수 있는 위험을 안고 살아가는 것이다. 마찬가지로 이들 또한 불가피한 이유로 자국을 떠나 난민 신세가 됐다. 우리의 과거를 돌아보는 심정으로 지금의 난민들을 조금 다른 시선으로 바라봐야 한다.

우리가 미래에 물려주고 싶은 나라는 어떤 모습일까? 우리에게 보호를 요청하는 사람을 외면하는 나라가 떳떳할 수는 없을 것이다. 우리나라는 난민들에게 관대한 나라일까? 우리 스스로가 많이 베풀고 있다는 착각을 하는 건 아닌지 돌아봐야 한다.

이 책에 약간의 사회적인 가치가 있다면, 그것은 가짜뉴스에 대한 프로그램을 만들라고 독려하고 성원해주신 최승호 MBC 사장, 이근행 본부장, 이모현, 조준묵 국장 등 선배들 덕분입니다. 고맙습니다. 이 위험한 프로젝트의 진행자를 기꺼이 맡아준 배우 김지훈 씨에게도 특별한 감사의 말을 전합니다. 김지훈 배우는 단순한 MC가 아니었습니다. 실제 '서처searcher K'로서 질문하고 답을 찾는 역할을 해주었고, 제작진에게 긴장과 자극을 주는 프로듀서 역할까지 해주었습니다. 앞으로 함께 작업할 순간을 기대합니다.

무엇보다 이 책은 함께했던 모든 동료들과 같이 작업한 결과물입니다. 특별히 이 프로그램의 콘셉트를 잡고 아이템 선정부터 모든 작업을 함께한 한선정, 김유나, 배소윤, 박고은, 김윤미, 김영민, 김솔빈, 이소영, 송수아, 김유민 작가님들에게 감사의 말을 전합니다. 그들은 동료였고 때로 선생이었습니다. 이 책은 또한 고단하고 위험한 취재와 촬영, 그리고 편집을 함께한 전성구 PD, 이상준 PD, 이명우 PD, 조성수 PD에게 많은 빚을 진 결과물이기도 합니다. 조연출로 밤을 새우며 함께 작업을 했던 PD들, 이세진, 김혜지, 정윤흠, 오정열, 김유진의 노고가 없었다면 〈당신이 믿었던 페이크〉는 끝낼 수 없었을 것입니다. 그들의 노력을 기억합니다.

〈당신이 믿었던 페이크〉를 만들었던 독립제작사 나누크의 김성진 대표, 박정남 PD, 이우리 PD, 김근라, 최미혜 작가님 등에게도 감사의 말을 전합니다. 이 책에 담지는 못했지만 나누크에서 제작한 '북한 관련 가짜뉴스'와 '가짜 여론조사'는 큰 반향이 있었고, 프로그램의 질을 크게 높여주었습니다.

〈당신이 믿었던 페이크〉를 저술사업으로 선정한 방송문화진흥회, 〈당신이 믿었던 페이크〉에 제작 지원을 해준 한국방송통신전파진흥원의 도움도 컸습니다. 가짜뉴스의 홍수 속에서 이 프로그램의 공익적 가치를 인정해주신 모든 시청자와 독자 여러분께도 깊은 감사의 인사를 드립니다.

방송문화진흥총서 210

당신이 믿었던 페이크

1판 1쇄 인쇄 2021년 5월 24일
1판 1쇄 발행 2021년 5월 31일

지은이 김재영 황순규 장호기
펴낸이 황상욱

편집 이은현 마케팅 최향모 최민경
디자인 박소윤
제작 강신은 김동욱 임현식 제작처 영신사

펴낸곳 (주)휴먼큐브
출판등록 2015년 7월 24일 제406-2015-000096호
주소 03997 서울시 마포구 월드컵로14길 61 2층
문의전화 02-2039-9462(편집) 02-2039-9463(마케팅) 02-2039-9460(팩스)
전자우편 byvijay@munhak.com

ISBN 979-11-6538-290-2 03300

인스타그램 @humancube_books 페이스북 fb.com/humancube44